少年足球训练圣经

（第3版修订版）

[美] 吉姆·加兰（Jim Garland）著 邹巍 马东芳 译

人民邮电出版社

北 京

图书在版编目（CIP）数据

少年足球训练圣经：第3版修订版 ／（美）吉姆·加
兰（Jim Garland）著；邹巍，马东芳译. — 2版. —
北京：人民邮电出版社，2020.1
　ISBN 978-7-115-51703-6

　Ⅰ．①少… Ⅱ．①吉… ②邹… ③马… Ⅲ．①青少年
—足球运动—运动训练 Ⅳ．①G843.2

中国版本图书馆CIP数据核字（2019）第262400号

版权声明

免责声明

作者和出版商都已尽可能确保本书技术上的准确性以及合理性，并特别声明，不会承担由于使用本出版物中的材料而遭受的任何损伤所直接或间接产生的与个人或团体相关的一切责任、损失或风险。

内 容 提 要

本书是《少年足球训练圣经（第3版）》的修订版，由具有丰富的小学体育执教经验的专业教练吉姆·加兰博士创作。书中为足球教练提供了100项专为5到12岁少年球员设计的练习，这些练习非常易于理解，又能给精力充沛的孩子们带来快乐，同时有助于提高球员的技术水平和动作质量。

本书共分为7章，第1章到第5章介绍了适用于个人、搭档、小型团体以及大型团体训练的练习，第6章和第7章讲述了如何设置比赛以及如何在比赛实践中应用所学技巧的知识。本书包含了许多简明易懂的演示教程、训练活动以及比赛设置方法，非常适合教练和家长阅读。

◆ 著　　　　[美]吉姆·加兰（Jim Garland）
　　译　　　　邹　巍　马东芳
　　责任编辑　林振英
　　责任印制　周昇亮
◆ 人民邮电出版社出版发行　北京市丰台区成寿寺路 11 号
　　邮编　100164　电子邮件　315@ptpress.com.cn
　　网址　http://www.ptpress.com.cn
　　天津翔远印刷有限公司印刷
◆ 开本：700×1000　1/16
　　印张：16.5　　　　　　　　2020 年 1 月第 2 版
　　字数：243 千字　　　　　　2020 年 1 月天津第 1 次印刷
　　著作权合同登记号　图字：01-2015-4401 号

定价：68.00 元
读者服务热线：(010)81055296　印装质量热线：(010)81055316
反盗版热线：(010)81055315
广告经营许可证：京东工商广登字 20170147 号

谨将此书献给埃罗依·简（Eloise Jane）和未来的小加兰（Galand）们。

目录

v

训练内容查询表

训练编号	标题	防守等级	球员数量	时间（分钟）	页码
空间概念和动作训练					
1	开放空间训练	无	1	5	4
2	封闭空间训练	轻微	2	5	6
3	个人空间训练	无	10名以上	10	8
4	综合空间训练	无	10名以上	10	10
5	移动视觉训练	无	10名以上	10	12
6	火山训练	无	4名以上	5	14
7	三角训练	无	1	0.5	16
8	模仿训练	无	2	5	18
9	周一早上的交通训练	无	6名以上	5	20
10	旗帜比赛	轻微	2	5	22
11	团队交换训练	无	12名以上	5	24
12	长耳野兔训练	无	3名以上	10	26
13	衬衫标签比赛	有类似于比赛的压力	3名以上	10	28
14	数字标签比赛	轻微	8名以上	10	30
带球训练					
15	花式足球训练	无	3名以上	15	36
16	模仿训练	无	10名以上	5	38
17	自由度训练	无	10名以上	10	40
18	冻结训练	无	7名以上	10	42
19	大家都到位了吗？开始比赛	无	6名以上	10	44
20	三角形标签比赛	轻微	7名以上	10	46
21	冲刺训练	无 *	6名以上	10	48
22	搭档标签比赛	轻微	8名以上	10	50
23	侵犯者比赛	轻微	8名以上	10	52
24	绕圈带球标签比赛	轻微	6	10	54
25	摇取训练	无 *	1	10	56
26	冲刺挑战训练	有类似于比赛的压力	3名以上	10	58
27	控球训练	有类似于比赛的压力	2	5	60
28	搭档带球训练	有类似于比赛的压力	2	10	62
29	带球追逐比赛	轻微	2	10	64

训练编号	标题	防守等级	球员数量	时间（分钟）	页码
97	目标训练	无 *	5 名以上	20	212
98	边线射门比赛	有类似于比赛的压力	10	20	214
99	双边射门比赛	有类似于比赛的压力	7	20	216
100	框架训练	无 *	10 名以上	20	218

* 水平较高时可增加防守压力。

致谢

感谢所有的老师、教练和医生，尤其要感谢杰弗里·蒂平（Jeffrey Tipping），以及美国国家足球教练协会（NSCAA）的全体工作人员，感谢你们在我参加足球比赛时给予我的指导与帮助，也感谢你们无私地与我分享自己的想法。特别感谢罗布·贝利（Rob Bailey），多年以来，在帮助我形成自己的教学战术方面，你一直是我的良师挚友，而且在其中发挥了巨大的作用。感谢加里·弗罗曼（Gary Froman）为本书早期版本的摄影做出的贡献，感谢莎伦·米歇尔（Sharon Mitchell）在原稿问题方面提供的专业帮助。我还要感谢琳达·邓肯（Linda Duncan）多年以来在本项目和其他项目的编辑过程中所付出的努力。感谢我的两个儿子凯西（Casey）和马修（Matthew）提供的技术援助。特别感谢我的妻子黛布拉（Debra）一如既往的支持，以及在本书版式和插图方面做出的杰出贡献。

前言

当我还是个孩子的时候，特别爱玩。那时候特别不喜欢下雨天，而且在太阳落下去后会变得非常不开心。下雨或者天黑就意味着又要等一天才能玩。曾经的我好动、活跃，而且现在仍然如此。在我的世界，不存在保持安静。保持安静意味着无聊。

成年之后，就需要考虑未来的职业规划，我知道自己想完成两件事：一是继续积极参加运动；二是帮助年轻人体验玩时的乐趣。担任一名小学体育教师兼教练对我来说是再自然不过的事情了。我当小学体育教师近 40 年了，教过从培训级别的团队，一直到高中男子校级运动队。那时候，在与孩子们接触的过程中我就发现了两件事情：第一，他们希望玩得开心；第二，如果他们没有理解你说的话，那么很可能不是他们的错。

作为体育老师兼教练，在与孩子们一起训练的过程中，我曾试着记起自己孩童时的感觉。我记得自己那时候非常不愿意听教练唠叨 20 分钟，然后玩的时间只有 10 分钟。训练期间排着长长的队伍就等着轮上 次玩的机会，这确实让我疲惫不堪。

正是这些记忆促使我撰写了本书。我希望为年轻的足球教练提供一些资源，其中介绍的活动既易于解释，又能给孩子们带来快乐。从而尽力使大多数精力充沛的孩子感到满意。我为本书所选的训练内容恰好能满足这些条件。除了提供可提高技能技巧的训练，我还重点强调了动作的概念，为的是提高球员动作的质量。我已为所带球员的年龄在 5 到 12 岁的教练设计了这些训练内容。球员的父母以及体育指导员都会发现这一参考资料既方便又实用。本书包含许多演示教程、训练内容以及比赛，这有助于球员提高比赛的质量。演示教程是通过视觉化的方法进行展示的，有的包含教练或球员的相应对话，有的则不包含，这些内容展示了如何完成一项技能或者进行一项比赛。训练内容是各种活动，通过重复的动作来改进比赛的效果。不同的比赛涉及不同的训练内容，具体表现在两个重要的方面：（1）比赛有许多规则；（2）比赛一定要赢。为了更简单起见，本书介绍的活动通常指的是训练内容。

本书分为 7 章。第 1 章介绍空间和动作，讨论了开放空间、封闭空间、个人空间和综合空间。这些概念将视觉、方向、速度和训练难度等理念融入训练内容中，从而帮助球员掌握高效的动作。这一章适用于教导 5 到 6 岁年龄段的球员。第 2 章到第 5 章介绍的训练可让球员获得技能和战术开发经验。这些内容没有什么挑战性，需要的动作也很少，球员们从固定位置进行练习，学起技能来也会很快。随着球员的训练越来越有成效，训练内容也会变得越来越有挑战性。可以引入动作，改变球员的职责，或者限制时间、空间或接触。可以增加防守压力，刚开始增加轻微的压力，然后逐渐增加到带有比赛性质的压力。这些章中包含的训练内容用来培养球员的带球、传球、接球、头球和射门等技能。本书并未介绍培养守门员特殊技能的训练内容。相反，书中重点强调了如何开发场上球员的空间、动作和技能等重要内容。

第 6 章讨论了如何根据球员的准备情况实施结构化比赛计划。这一章确定了可以在 4 对 4、5 对 5、8 对 8 和 11 对 11 水平时展示的概念。第 7 章介绍了有关实践组织方面的内容，同时介绍了 5 到 6 岁、7 到 8 岁、9 到 10 岁以及 11 到 12 岁这几个年龄段的练习计划。

第 1 章到第 6 章介绍的活动适用于个人、搭档、小型团体以及大型团体的训练工作。许多训练内容包含不止一种表现水平。水平越高，训练内容的难度就越高。影响训练内容难度的因素各有不同，可能包括增加球员作为后卫，改变空间要求以及将动作与技能相结合等。每项训练内容都会根据其适用性进行标记：初学者（5 到 6 岁）、高级初学者（7 到 8 岁）、中级（9 到 10 岁）以及高级（11 到 12 岁）。

许多演示教程、训练和比赛都使用了比赛标记、锥桶和比赛点来确定界限。这些物体有多种型号、颜色和形状，而且几乎可以在任何体育用品店或网店买到。在本书中，大号比赛标记使用的传统的锥桶，大约有 30.5 厘米高。小号比赛标记使用的是圆盘锥，直径大约有 17.8 厘米，高度约为 12.7 厘米。比赛点是扁平的圆形标记，直径大约为 22.9 厘米。

本书还包括了训练内容查询表，这样读者就能更轻松地找到训练内容。该内容展示了每项训练中的防守压力、球员数量和所需时间，及其所在的页面。你可以选择自己感兴趣的技能或概念，然后根据合适的防守压力水平轻松选择训练内容。你还可以使用球员数量和每项训练内容所需的时间等相关信息来制定计划，并进行有效的练习。

本书通过使用各种针对方向、速度和训练难度的训练内容，让你帮助球员取得更有效的进步。它也是一种资源，指导你在教授技能和概念时形成较好的逻辑顺序。有关动作概念的信息有助于在练习和比赛时提高安全性并减少碰撞。此外，你也可以更好地理解在每个年龄等级应展现哪些概念。

本书中的许多活动都是我的原始构想，有些是通过观察其他教练、实战球员和教学专家得来的。当然本书不可能包含所有的内容。在练习的过程中可以随时替换自己喜欢的训练内容。最重要的是，在使用本书的过程中可以享受到很大的乐趣。你的球员们也会非常开心，因为他们永远不必等到太阳落山才轮到自己。

第1章

空间概念和动作训练

本章旨在帮助初级队员（5 到 6 岁）安全高效地学习足球技能。空间和动作概念的形成应该成为初级球员训练的必要部分。为了形成脚踢球、头顶球和其他踢球技能，人们往往会忽略掉这些概念，这太令人遗憾了。练习期间必须均衡地结合各种训练，从而帮助队员开发空间和动作技能。如果一名球员了解空间和动作概念，那么他在训练中就会充满信心，而且在训练的身体接触中也不会造成太大的伤害。

空间概念对于战术意识来说至关重要，这一概念有助于球员决定何时何地采取行动来支持带球队友。了解空间概念还允许带球的球员制定更好的战略决策，决定何时何地使用带球、传球和射门技能来突破对方的防守。空间概念解决的是在场上的哪个位置开始行动。空间概念方面的训练包括开放空间、封闭空间、个人空间、综合空间和视野范围。

- 开放空间——球员未占据的空间。

- 封闭空间——一个或多名球员占据的空间。

- 个人空间——一名球员周围的空间。

- 综合空间——允许球员活动的整个区域。

- 视野范围——球员必须控制的整个球场，通过扫视方法来增大视野范围。

动作概念涉及球员如何处理空间问题。动作概念的开发包括方向、速度和水平训练。

- 方向——保持或改变路径的能力。

- 速度——改变移动速率的能力。

- 水平——球员身体所处的位置与球场表面的关系，例如跳跃（高水平）或者滑行（低水平）。

本章介绍的训练内容可让球员逐步形成空间和动作概念。首先介绍的是开放空间和封闭空间的示范训练。这些概念是最基本的概念，对球员来说，它们决定将球踢向何处以及在何处开始踢下一个球的情况。为了帮助球员减少碰撞，此过程中的训练首先要注意的是人身安全。

其次是个人空间和综合空间的训练。这些训练帮助球员在赛场上实现平衡，避免在球场上成群聚集。接着是视野范围训练，该训练与开放空间、封闭空间、个人综合空间的示范相互融合在一起。视野范围训练内容可以培养良好的视野习惯，例如抬头带球以及扫视周围的情况。这些习惯会增加球员在球场上的视野范围。

在这一过程中，接下来就是了解动作的原理，这些原理有助于球员通过比其对手更有效地改变方向、速度和水平来创造空间（移动到远离其他球员的开放空间）或者压缩空间（使其他球员移动到封闭空间）。根据球员实施动作的速度，上述所有训练内容的难度都要逐步提高。

很多训练最初并不使用足球。通过这种方法，初级球员在移动技能训练中因为不用控球而会变得更自信。球员具备动作演示能力时，就可以增加球来提高挑战性。

1 开放空间训练

目标

帮助球员认识到通过未占用区域是很简单的。使用这些训练内容可以让球员基本了解空间的运用，同时也可以将其应用到后面的教学内容中。

水平

入门。

器材

- 1 个足球。
- 2 个大号锥桶。

时间

5 分钟。

步骤

第一级

1. 球员围成一组。

2. 将两个大号锥桶放在一条直线上，距离约 10 码（1 码为 0.9144 米，余同）远。

3. 1 名球员站在其中一个大号锥桶的旁边。

4. 该球员走向另一个大号锥桶（参见下页图）。

第二级

1. 各球员重复第一级中的第 1 至 2 步。

2. 1 名球员持球站在其中一个大号锥桶旁边。

3. 该球员运球到另一个大号锥桶。

第三级

1. 各球员重复第一级中的第 1 步和第 2 步。

2. 1名球员带球站在其中一个大号锥桶旁边，另一名球员站在另一个大号锥桶旁边。

3. 持球的球员将足球传给另一个大号锥桶旁站着的队友。

关键点

你已经示范了在开放空间中移动、运球和传球是多么简单。如果给青少年球员进行一次直观的示范，他们对空间的理解也会更加透彻。在训练和比赛的环境中解释空间的有效利用时，可经常参照这一训练内容。

相关训练

训练2：封闭空间训练。

10 码

2 封闭空间训练

目标

示范在封闭空间中移动、运球和传球是不可行的。

水平

入门。

器材

- 1 个足球。
- 2 个大号锥桶。

时间

5 分钟。

步骤

第一级

1. 球员围成一组。

2. 将两个大号锥桶放在一条直线上，距离约 10 码远。

3. 球员 A 站在其中一个大号锥桶旁边。

4. 球员 B 站在两个大号锥桶中间直线的某个点上。

5. 球员 A 沿着这条直线走向另一个锥桶。

第二级

1. 各球员重复第一级中第 1 至 4 步，球员 A 同时持球。

2. 球员 A 运球走向另一个锥桶，且不能偏离两个锥桶之间的这条直线（参见下页图）。

第三级

1. 各球员重复第一级中第 1 至 4 步，同时球员 A 持球。

2. 球员 C 站在未占用锥桶的旁边。

3. 球员 A 将球传给球员 C。

关键点

在第一级中，球员 A 会发现这一任务无法完成，因为球员 B 已将两个大号锥桶之间的空间封闭起来，阻断了通路。在第二级中，球员 A 无法通过球员 B 已封闭的空间来运球。在第三级中，球员 A 无法通过球员 B 已封闭的空间来传球。

对于青少年球员来说，最重要就是了解开放空间与封闭空间。将不可能通过封闭空间来移动、运球、传球这一视觉示范提供给青少年球员。球员开始与队友或对手接触，或者将球运入或传入封闭空间时可参照这一训练内容。并向其说明还有备选方案——当然，那就是使用开放空间。

相关训练

训练 1：开放空间训练。

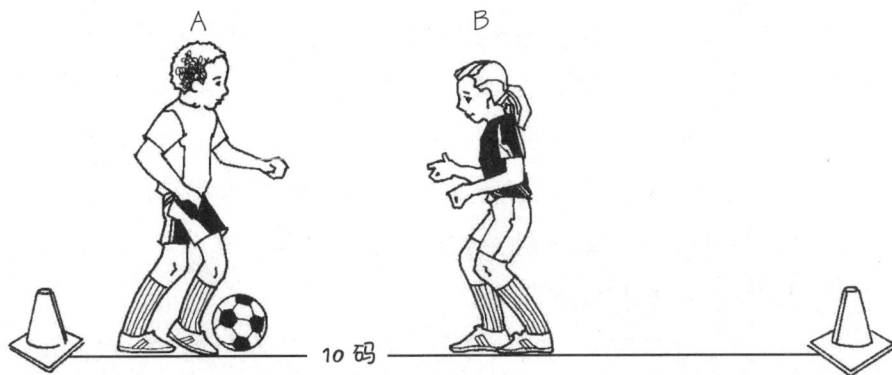

A B

10 码

3 个人空间训练

目标

让球员理解个人空间就是直接围绕每名球员的空间，而且该球员的动作对个人空间会产生影响。

水平

入门。

器材

9 个大号锥桶。

时间

10 分钟。

步骤

1. 将球员分成 4 组，每组 5 人。用 9 个大号锥桶组成 4 个正方形网格中，每个网格的大小为 5 码 × 5 码，每组占用 1 个网格。将各个网格按顺序从 1 到 4 命名。

2. 各球员在每个网格内自由移动（参见下页图）。

3. 如果一名球员接触到了另一名球员，那么这两名球员都变为冻结状态。

4. 网格 2 中的所有球员加入网格 1 的球员中，网格 3 中的球员加入网格 4 的球员中。

5. 此时，所有冻结的球员为解冻状态，并且重新加入其他球员。

6. 所有球员在自己的新网格中自由移动约 30 秒。

7. 最后，所有球员移动到网格 1 中。

8. 所有球员自由移动约 30 秒（切记，他们在移动时不能接触到任何人）。

关键点

当只有 5 名球员在一个网格中移动时，这就会一直维持其个人空间不会面临威胁。当一个空间内的球员数量增加时，移动就会变得困难起来。当所有球员都在一个狭小空间中移动时，就几乎无法维持其个人空间，或者说不可能不侵犯其他人的个人空间。训练比赛或者比赛期间，当所有球员聚集在一起时，这一训练内容可以作为动作变难的视觉提示。结果就是，当球员学习维护其个人空间时，就会变得更容易分开，而且会较少出现扎堆现象。

相关训练

训练 4：综合空间训练。

4 综合空间训练

目标

深入理解综合空间是球员可以活动的整个区域，而且在这个综合空间内，较大的空间比较小的空间更易于活动。

水平

入门。

装备

4 个大号锥桶。

时间

10 分钟。

步骤

1. 所有球员分散在 1 个网格内，网格大小由 4 个大号锥桶确定，锥桶间距离约为 20 码（参见下页图）。
2. 球员在整个网格内自由移动。
3. 将网格的大小扩展为 50 码 ×50 码。
4. 所有球员在较大的网格内自由移动。
5. 球员在这两个网格内移动之后，讨论在哪一个网格内移动起来更容易一些。

关键点

个人空间训练展示的是一个空间内的球员数量增加如何影响球员的个人空间和动作。综合空间训练内容示范了空间的增大如何使球员的移动更容易，因为有更多的时间来做出变换方向、速度和水平的决定。球员应认识到，通过正确使用综合空间内的所有空间，他们就可以保持球场的平衡，而且移动起来也更自由。

相关训练

训练 1：开放空间训练。

训练 2：封闭空间训练。

训练 3：个人空间训练。

5 移动视觉训练

目标

在球员带球（或者无球）的情况下感受空间时形成很好的视觉习惯。

水平

入门。

装备

- 每名球员 1 个足球。
- 4 个大号锥桶。

时间

10 分钟。

步骤

第一级

1. 所有球员分散在 30 码 ×30 码的网格内（参见下页图）。
2. 发出信号，球员使用数 1 到 4 的节奏通过步行在整个网格内自由移动。
3. 球员先用左脚迈出一步，再用右脚迈出一步，然后再用左脚迈出一步，当球员左脚迈步的时候向左看，随后在球员右脚迈步的时候向右看。
4. 球员通过重复说话来将移动表达出来，"左，右，向左看，向右看。"
5. 球员重复这一训练内容，这次可以变为慢跑。

第二级

球员在有球时重复第一级中的步骤。

关键点

移动会影响球员的视觉。必须训练球员时常看向其移动的方向并扫视左右，这样他们的视野才能有效地覆盖有效空间。进行这一视觉训练，然后再加一个球。增加一个球会对视觉产生不利影响。特别是初学的球员喜欢看向下方的球，以便能控制好球。坚持让球员在训练期间向左和向右看，这样就可以中断其与球的视觉联系。如果球员看起来无法控制球了，则要告诉球员将速度降下来。

相关训练

无。

6 火山训练

目标

深入理解变化方向。

水平

入门。

装备

4 个大号锥桶，每名球员 1 个小号锥桶。

时间

5 分钟。

步骤

1. 球员分散在整个 20 码 ×20 码的网格内。
2. 在网格内，每名球员一个小号锥桶。球员将这些锥桶伪装成火山。
3. 发出信号，球员在整个网格内移动。
4. 球员要向火山跑，当球员接近火山时，必须快速改变方向来避免被熔岩烧伤。
5. 向球员挑战，看看在 30 秒内能通过多少火山。

关键点

这一训练内容有助于球员理解佯攻。进行示范，快速改变方向，球员应将一条腿稍微弯曲，然后迅速离开这只脚的内侧。鼓励球员通过横向运动来扩大这一离开的动作。球员通过弯曲腿，可以在这一横向上运用更多的力量，在这个从一个方向到另一个方向的重量变换中，将各个身体部分（包括头部、肩部和手臂）包括在内。让球员尝试各种佯攻的组合——例如，向右佯攻，向左，然后快速回到右边。

火山训练

相关训练

训练 7：三角训练。

7 三角训练

目标

评估球员改变方向和速度的熟练程度。

水平

入门。

装备

3个大号锥桶。

时间

30秒。

步骤

1. 将3个大号锥桶放置成三角形，每个锥桶间距离约为3米。

2. 发出信号，球员横向移动来触摸其中一个大号锥桶，转身，再次横向移动来触摸下一个大号锥桶，转身，然后横向移动来触摸第3个大号锥桶。

3. 球员重复这一动作30秒。

4. 球员对所触摸到的锥桶数目计数。

关键点

使用这一训练内容可以评估球员在横向移动以及改变方向和速度方面的表现能力。增加转身可以训练其在比赛情况中常常所需改变方向的技能。应该对球员的训练结果进行鼓励。这一训练的目标不是确定哪名球员表现得最好，只是展现球员个人的进步。

相关训练

训练8：模仿训练。

三角训练

训练 9：周一早上的交通训练。

训练 10：旗帜比赛。

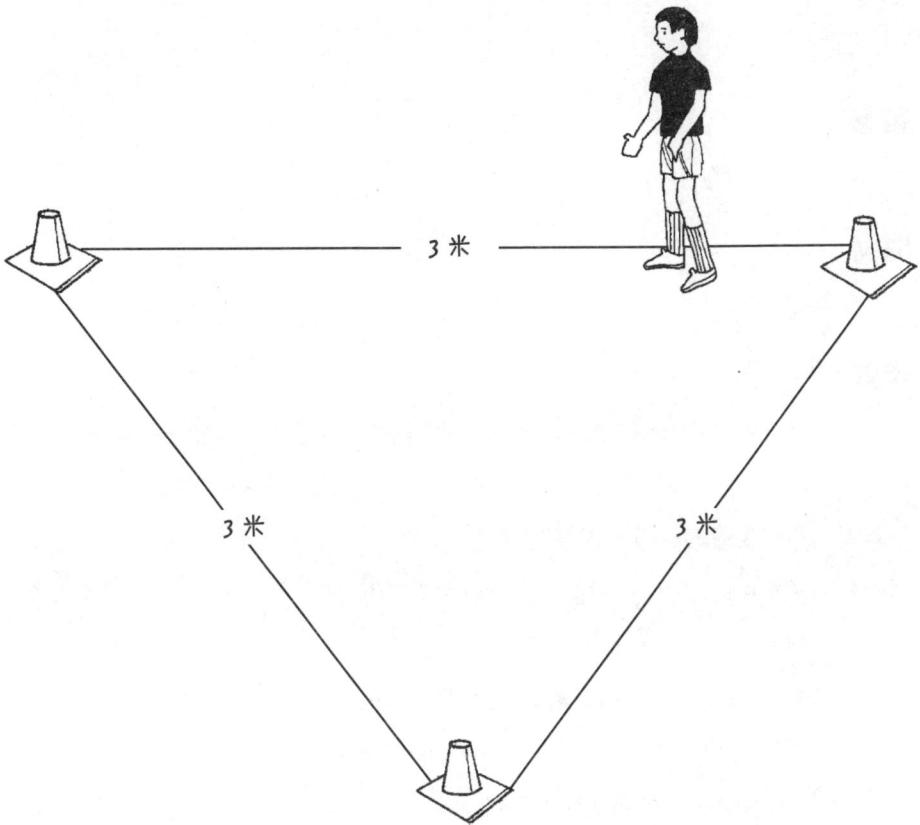

3 米

3 米

3 米

8 模仿训练

目标

展示如何通过变换速度和方向来创造空间。

水平

入门。

装备

4 个大号锥桶。

时间

5 分钟。

步骤

1. 2 名球员并排站在 20 码 ×20 码网格的 1 条直线上（参见下页图）。

2. 发出信号，球员 A 开始向前移动，一边移动一边变化速度。

3. 球员 B 看着球员 A 并重复其动作。

4. 球员 A 可以停了下来，也可以反转方向并返回到起始线，再次改变速度。

5. 球员 A 可能会选择多次改变速度和方向。

6. 信号停止时，球员 B 应仍然在球员 A 旁边。

7. 在训练中让球员多次交换角色。

关键点

鼓励球员使用时间很短的爆发性速度和方向变换，以便在自身和对手之间创造空间。

相关训练

训练 9：周一早上的交通训练。

20 码

20 码

20 码

20 码

A   B

周一早上的交通训练

目标

介绍如何通过变换速度和方向来创造出空间。

水平

入门。

器材

4个大号锥桶。

时间

5分钟。

步骤

1. 将球员分散在15码×15码的网格内。

2. 球员B是汽车司机。球员A是球员B搭载着去上班的后座乘客（参见下页图）。

3. 球员B在网格内变换速度和方向移动，并且回避同样在上班路上的其他司机。

4. 后座乘客负责紧紧跟着自己的司机，与司机始终保持手臂长度的距离。

5. 让球员在训练中多次交换角色。

关键点

这一训练相当于上下班高峰时期典型的周一早上的交通情况，包括交通拥堵和轻微的交通事故。鼓励所有球员变换速度和方向并观察其他队友的动作，以免发生碰撞。

周一早上的交通训练

相关训练

训练 8：模仿训练。

训练 10：旗帜训练。

10 旗帜比赛

目标

介绍如何通过变换速度和方向来创造空间。

水平

入门。

器材

- 4个大号锥桶。
- 每名球员1个旗帜。

时间

5分钟。

步骤

第一级

1. 将两名球员置于10码×10码网格中相对的两边（参见下页图）。
2. 球员系上旗帜腰带。
3. 发出信号，球员A接近球员B并尝试拉动其旗帜。
4. 球员B尝试改变速度和方向来到达网格的对面，而且不让自己的旗帜被拉下来。
5. 球员A如果可以抓住球员B的旗帜就可以获得1分。
6. 如果球员B可以到达网格的对面且自己的旗帜没有被拉下来，则可以获得1分。
7. 率先获得5分的球员获胜。
8. 然后，球员交换角色。

第二级

1. 将6名球员（每队3名球员）放在20码×20码的网格中。
2. 球员系上旗帜腰带。
3. 发出信号，球员尝试拉下对面球员的旗帜。

4. 旗帜被拉下来的球员与队友组成一队，然后再尝试夺回旗帜。

5. 夺得所有其他球队的旗帜的球队率先获胜。

关键点

鼓励球员 A 用曲线跑的方式靠近球员 B 的空间，并且自己处于不错的防御状态。曲线跑意思是防守球员使用弯曲的路径靠近对手，而不是用直线方式。曲线路径允许防守球员将对手带到方形区域的一个部分中，从而减少要防御的区域（例如，带到队友处或者边界线处）。第二级中让球员分开也很重要。

相关训练

训练 8：模仿训练。

训练 9：周一早上的交通训练。

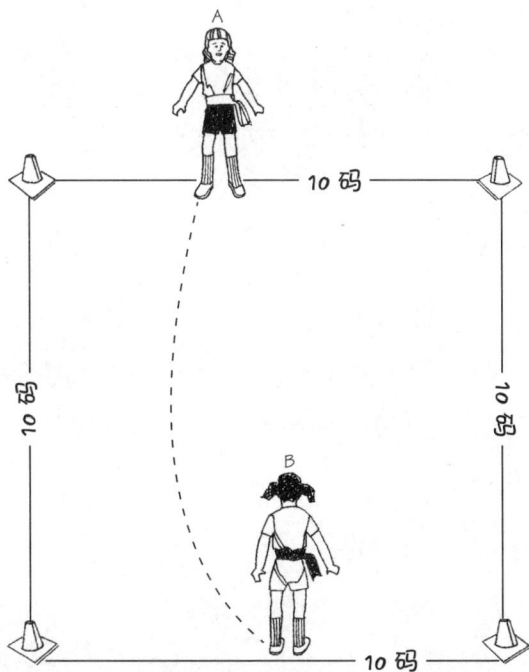

A

10 码

10 码

10 码

B

10 码

11　　　　　　　　团队交换训练

目标

介绍如何变换速度和方向来避免形成封闭空间。

水平

入门。

器材

4 个大号锥桶。

时间

5 分钟。

步骤

1. 将球员分成 4 个人数相等的小组。在 10 码 × 10 码网格的每条边上各放一组（参见下页图）。
2. 发出信号，球员与其对面的小组交换位置。
3. 球员通过步行、慢跑和跑步来改变其动作。

关键点

所有球员会移动到网格的对边。通过不同于临近小组的速度移动可以有效避免形成封闭空间。这一训练更像是一种游戏，因为其模拟的是游戏期间的移动挑战。很多时候，队友和对手在以相反的方向移向对边时都会聚集在一起。在其他时候，队友和对手会使彼此的移动路径交叉。通过变换速度和方向来避免碰撞会减少受伤的概率。

相关训练

训练 13：衬衣标签比赛。

10 码

10 码

10 码

10 码

12 长耳野兔训练

目标

通过改变训练难度发展平衡能力。

水平

入门。

器材

4 个大号锥桶。

每名球员 1 个小号锥桶。

时间

10 分钟。

步骤

1. 用大号锥桶围成 20 码 × 20 码的网格，将小号锥桶放入网格。

2. 发出信号，球员们在网格内自由移动（参见下页图）。

3. 当球员接近锥桶时，尽力使用双脚向上跳，越过锥桶，然后双脚轻轻落地。落地后，球员就会快速改变方向。

4. 多次重复这一动作之后，球员跳起来，单脚跨过锥桶，然后双脚落地。

5. 球员再次跳跃，这次是双脚跨过锥桶，左脚落地，然后离开并将方向变为向右。

6. 球员重复这一动作，然后转换，右脚落地并将方向变为向左。

关键点

鼓励球员使用手臂在其跳跃时产生动力，并在其落地时保持平衡。

相关训练

无。

20 码

20 码

20 码

20 码

13 衬衫标签比赛

目标

深入了解方向、速度和训练难度以及它们与动作的关系。

水平

入门。

器材

- 每名球员 1 件训练衫。
- 4 个大号锥桶。
- 若干个球。

时间

10 分钟。

步骤

第一级

1. 球员分散在 20 码 ×20 码的网格中。
2. 每名球员都将 1 件训练衫塞在其裤子后面（参见下页图）。
3. 发出信号，球员在网格中试图抓住另一名球员身后的训练衫。
4. 球员在 2 分钟的时间里试图抓住尽可能多的训练衫。
5. 如果球员的训练衫被拉下来，则其必须走到网格外，巅上 10 次球，然后才能再回到比赛中。2 分钟结束时，停下来，给所有球员留点时间准备新的比赛。

第二级

1. 球员重复第一级中第 1 至 2 步。
2. 每名球员在尝试收集训练衫时都要带着球在网格中跑动。

衬衫标签比赛

关键点

鼓励球员在其改变方向、速度和训练难度时避免形成封闭空间。改变已淘汰球员必须在每次比赛中执行的特定技巧。为了实现多样化，将小组分成两队并让他们参加"团队衬衫标签"比赛。衬衫标签比赛进行到第二级时，在尝试收集训练衫时无法控制球的球员必须走出网格。

相关训练

训练 14：数字标签比赛。

14 数字标签比赛

目标

深入理解方向、速度和训练难度以及它们与动作的关系。

水平

入门。

器材

- 4 个大号锥桶。
- 每名球员 1 个球（第二级）。

时间

10 分钟。

步骤

第一级

1. 所有球员在 30 码 ×30 码网格的一边排成一行。
2. 每名球员都有从 1 到 4 之间的一个数字。
3. 两名球员（防守球员）站在球员队列和对边之间，这是安全区域（参见下页图）。
4. 防守球员每人同时叫 1 个任意数字。
5. 被叫到的球员尝试穿过开放空间并到达对面的安全线。
6. 被防守队员贴上标签的球员必须坐下。
7. 当叫到下一个数字的球员时，该球员可以在去安全区域的路上触碰坐下的球员，尝试释放已坐下的球员。
8. 被释放的球员必须尝试到达安全区域且不能被贴上标签。

第二级

1. 球员重复第一级中的步骤，但是，队列中的每名球员必须在带球期间到达安全区域。
2. 被防守球员触碰到球的球员必须坐下。

数字标签比赛

关键点

鼓励球员在改变方向、速度和训练难度时能控制状况。防守球员应在尝试抓住球员时进行曲线跑步，而且应避免 2 个防守球员追赶 1 名球员（仅剩下 1 名球员的情况下除外）。在第二级的动作中，鼓励已编号的球员在到达安全区域的期间让球避开防守球员。

相关训练

训练 13：衬衫标签比赛。

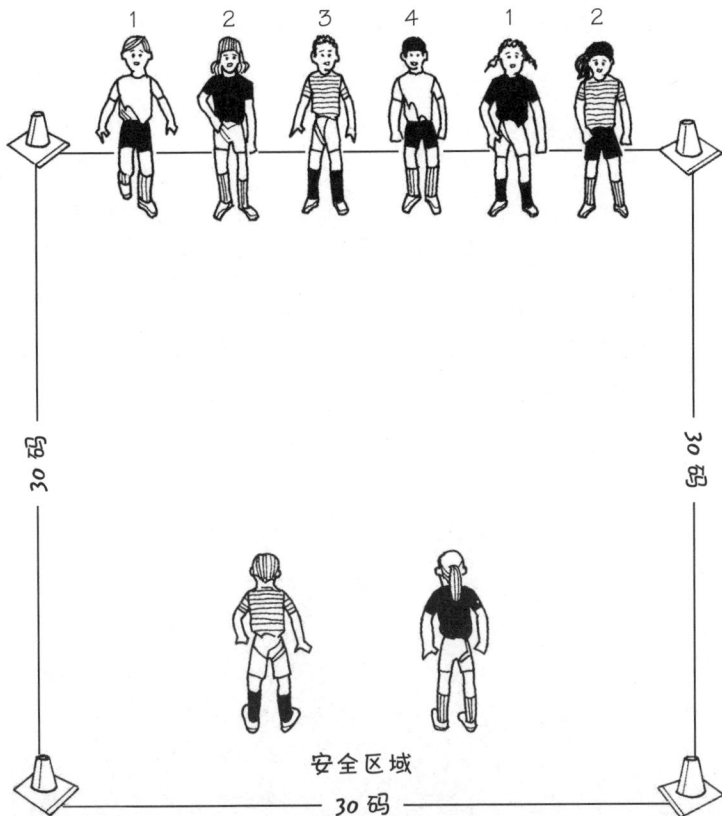

安全区域

30 码

30 码

30 码

第 2 章

带球训练

掌握了空间和动作技能的球员可以有效地利用空间。然而，带球的球员使用这些技能时需要花些时间来提高控球技术。球员可以在家以正式的和非正式的形式练习这些技能。本章中的训练内容有助于球员掌握这些控球技能中的一个——带球。带球的意思是用脚的各个侧面部位触球，从而控制住球，使球始终处于带球队员的控球范围内。这是在开放空间带球前进或者在球员受到严密防守的情况下创造出开放空间带球式前进的一种办法。球员在穿过开放空间时，可以使用脚的内侧或外侧部位以直线方式带球。

越过封闭空间时需要改变球相对于身体的位置关系，还要改变身体相对于球的位置关系（佯攻）。下面这些示例介绍了改变球相对于身体的位置。

- 推球——用脚的表面将球快速推离身体并使其停下来。
- 拉球——通常使用脚底将球带回到身体并使其停下来。
- 让球滚动——使用脚的一面让球向前、向后或向侧面滚动。

下面介绍的带球移动展示了如何改变身体相对于球的位置。

- 踏步转身——用右脚跨到球的左边，然后以右脚为轴转身到球的右边（也可以用左脚跨到其右边，再以左脚为轴转身到球的左边）。
- 交叉——右脚跨过球，佯装向左，然后用右脚的外侧触球向右移动（也可以用相反的佯攻向右）。
- 跨球转身——仅仅是走过球的上方并转身。

本章中的带球训练内容由易到难。具体包括以下内容。

- 固定带球训练。
- 没有防守压力的带球和动作训练。
- 有轻微防守压力的带球训练。
- 带有游戏性质防守压力的带球训练。

在固定位置完成这一项技能要比移动时完成一项技能简单得多。球员固定不动时，其视觉焦点不会受到其他球员跨越空间的影响。因此，该球员就可以将全部视线集中在技能方面，而不是集中在如何移动以及在何处移动。球员通过在固定位置带球获得信心后，就可以将其置于移动中来增加难度——没有防守压力的额外负担。球员能够熟练完成带球时，增加防守压力。随着难度等级的提高，球员无法将注意力仅集中在带球的技术方面（方式），因为还需专注于战术因素（时间和地点）。将压力逐渐从轻微级别增加到带有游戏性质级别。给球员提供一些机会练习渗透带球技能，这是因为第一进攻者的作用（带球的球员）是突破防守。在练习期间，小场地比赛训练就可提供这样的机会。

使用这些训练内容时，在球员从缓慢的按部就班训练，发展到更加类似游戏的场景过程中要锻炼耐心。不要希望球员在准备就绪之前就能完成新的动作，这样会导致挫折或失败，而且可能导致球员放弃付出任何努力来掌握新的动作。要让球员按照自己的速度来慢慢进步。

提高带球技能会使球员延长带球的时间、突破防守、创造空间来进行传球和射门，以及缓解防守压力。

15 　　　　　　花式足球训练

目标

在没有任何防守压力下提高在固定位置时的控球能力。

水平

入门、初级。

器材

- 每名球员 1 个足球。
- 4 个大号锥桶。

时间

15 分钟。

步骤

1. 球员（带球）分散在 20 码 × 20 码的网格中（参见下页图）。
2. 固定下来后，球员练习控球。
3. 球员可以通过多种方式并结合这些触球动作来改变速度、方向和训练难度。鼓励球员通过推球、拉球、让球滚动等改变球与其身体的位置关系。
4. 然后，球员通过踏步转身、交叉、跨球转身等改变身体位置与球的关系。

关键点

每次练习期间应该用些时间进行数百次的触球。鼓励球员探索使用每只脚的内侧、外侧、脚底和脚后跟等部位。球员可能会原样模仿你所示范的方法，但还要鼓励他们创造新的移动组合动作。球员触球时，鼓励其一直抬头带球以保持良好的视觉。为了实现多种花样，以及真正减轻疲劳，要让球员与球友进行练习。先让一名球员练习一分钟技能，然后把球给另一名球员并让其完成同样的任务。使用三角形、圆形等改变足球阵式，从而增加这一训练内容的多样性。给球员留出足够的时间，使其在固定位置练习这些技能，不要移动到其他空间，也不要增加防守压力。球员还应该在家中练习这些动作，作为其日常训练生活的一部分。

相关训练

训练 17：自由度训练。

训练 18：冻结训练。

训练 19：大家都到位了吗？开始比赛。

16　模仿训练

目标

在没有防守压力下培养球员穿过空间的带球技能。

水平

入门、初级、中级。

器材

- 每名球员 1 个足球。
- 4 个大号锥桶。

时间

5 分钟。

步骤

1. 在 20 码 ×20 码的网格内，将球员分成几行，每行 4 到 5 名球员（参见下页图）。
2. 队列中的第 1 名球员是领导者，并且开始在网格中自由带球。其余的球员带球紧随其后。
3. 发出信号，队列中的最后 1 名球员将自己的球推到领导者前面大约 5 码处，然后短跑，这样就成了新的领导者。
4. 重新成为最后面球员的人在下一次发出信号时重复这一动作。

关键点

当用脚的各个部位去触球时，可通过控制施加在球上的压力来控球。回顾前面所介绍的空间利用方法，这样各个队列的球员就不会移动到相同的空间。球员能更好地控制其动作，让其在没有发出信号的情况下完成这一训练内容。

相关训练

训练 21：短跑。

17 自由度训练

目标

培养在没有防守压力下穿过空间的带球技能。

水平

初级。

器材

- 每 2 名球员 1 个足球。
- 5 个大号锥桶。

时间

10 分钟。

步骤

1. 所有球员围绕直径约 30 码的圆圈分隔开。

2. 发出信号，带球的球员进入圆圈，在遇到其他进行同样动作的球员时保持自己的带球动作（参见下页图）。

3. 移动 1 分钟后，带球的球员返回并将球传给同伴，此时带球的球员继续上一名带球球员的动作。

4. 球员可自由选择在这一训练期间使用的动作。

关键点

鼓励球员在穿过空间时使用各种动作来改变方向、速度和训练难度。如果球员移到封闭空间中，可以参照第 1 章训练 1 至训练 4 中所介绍的空间和动作概念。这一训练内容是带球练习的下一步骤，因为在这一训练中，需要球员使用自己的动作来穿过所提供的空间。这样就可让球员在没有防守压力的情况下培养自己的技能。

相关训练

训练 15：花式足球训练。

训练 18：冻结训练。

训练 19：大家都到位了吗？开始比赛。

30 码

18 冻结训练

目标

在没有防守压力下培养穿过空间的带球技能。

水平

初级。

器材

- 每名球员 1 个足球。
- 4 个大号锥桶。

时间

10 分钟。

步骤

1. 球员分散在 20 码 ×20 码的网格中。
2. 所有球员自由穿过网格，每名球员带 1 个球（参见下页图）。
3. 发出信号时，球员必须使球完全停下来不动。
4. 这一训练的其他形式可能包括用身体的任何部位触球，用 2 个或 2 个以上身体部位触球时进行停球，或者以不同的难度停球。

关键点

这一训练内容使球员有机会在没有防守压力的情况下穿过空间并训练自己的动作。鼓励球员使用其非惯用一侧的身体部位来触球。不同水平下的停球包括直腿抬高、下蹲或跪姿。

相关训练

训练 15：花式足球训练。

训练 17：自由度训练。

训练 19：大家都到位了吗？开始比赛。

19 大家都到位了吗？开始比赛

目标

在没有防守压力下培养带球技能。

水平

入门。

器材

- 每名球员 1 个足球。
- 3 个红色、3 个蓝色和 3 个黄色的比赛点。
- 4 个大号锥桶。

时间

10 分钟。

步骤

1. 将带球的球员分散在 30 码 ×30 码的网格中（参见下页图）。
2. 将网格中的 3 个红色、3 个蓝色和 3 个黄色的比赛点分隔开。
3. 发出信号，球员在网格中带球，从比赛点和其他球员之间迂回前进。
4. 吹响信号时，球员停下来。
5. 询问："有人到达蓝房子了吗？"
6. 球员争相触摸蓝色的比赛点。第 1 个触摸到 3 个蓝色比赛点中的一个就安全了。所有其他球员必须围绕其中一个拐角处的锥桶跑步，然后再返回到各自的足球处。
7. 再次发出信号，重新开始带球动作。
8. 再次发出信号使动作停下来。这一次，叫出不同的颜色（例如，"有人到达红房子了吗？"）
9. 对 3 种颜色的每一种都重复这一动作。

关键点

　　鼓励球员使用可控的触球方式以及用脚的各个侧面触球。在参与一组此类的活动时，提醒球员始终使用良好的视线注意自己的足球，然后再四处查看，以免与其他球员碰撞。

相关训练

　　训练 15：花式足球训练。

　　训练 17：自由度训练。

　　训练 18：冻结训练。

20 三角形标签比赛

目标

在轻微防守压力下培养带球技能。

水平

入门。

器材

- 每名球员 1 个足球。
- 1 件红色球衣。
- 4 个大号锥桶。
- 15 个小号锥桶。

时间

10 分钟。

步骤

1. 带球球员在 30 码 ×30 码的网格中（参见下页图）。还要放进去 5 个用小号锥桶做成的 2 码 ×2 码的三角形。

2. 让球员 A 进入网格中，手拿一件训练用红色训练球衣，且不带球。

3. 发出信号，球员 A 在网格中随意跑步，试图给球员贴上标签。被球员 A 贴上标签的球员必须停下。无法控制住球以至于跑出网格的球员必须找回足球，返回到网格中，然后停下。

4. 停下的球员必须保持停止状态，直到另一名球员可以在停下球员的双腿之间带过球为止。这一动作可让已停下的球员再次活动起来。

5. 三角形是带球球员的自由空间。不允许球员 A 位于其中。一次只允许一名球员位于三角形中。

6.如果三角形被某名球员占用，球员 A 可以跑到三角形旁并计数"1001、1002，"直到其数到 1010 为止。三角形中的球员必须在球员 A 数到 1010 之前离开。

7. 比赛继续，直至所有球员都停下或者预设的限制时间已到为止。

8. 选择另一名球员替换球员 A（贴标签者）并让球员重复这一比赛。

关键点

鼓励球员使用良好的视线扫描方法来了解贴标签者经常在哪个位置。要求球员找到网格中可以带球的开放空间。如果比赛对于贴标签者来说太难了，可减少三角形的数量或者再增加一个贴标签者。

相关训练

训练 23：侵犯者比赛。

训练 29：带球追逐比赛。

训练 32：侵犯比赛。

训练 33：四网格争夺赛。

21　冲刺训练

目标

在没有防守压力下培养穿过空间的带球技能和速度。

水平

中级、高级。

器材

- 每名球员 1 个足球。
- 4 个大号锥桶。

时间

10 分钟。

步骤

1. 球员分散在 20 码 ×20 码的网格中，每名球员 1 个足球。
2. 球员穿过网格，直至听到信号。
3. 收到信号后，球员以最快的速度将自己的球带出网格（参见下页图）。
4. 所有球员继续用最快的速度带球，直至听到第二次信号。
5. 听到第二次信号时，球员以最快的速度将球带回网格中，然后在网格中继续稳步穿过。

关键点

仅在球员已掌握足够的控球技能时才使用这一训练内容。鼓励球员将球踢到 5 至 7 码远的开放空间，然后向球冲刺。将球踢到尽可能远的地方，然而在球后面冲刺不是本次训练的目标。球员熟练掌握加速带球后，在网格中增加无球的球员。发出信号后，无球球员就可开始追逐加速带球的球员。

冲刺训练

相关训练

训练 16：模仿训练。

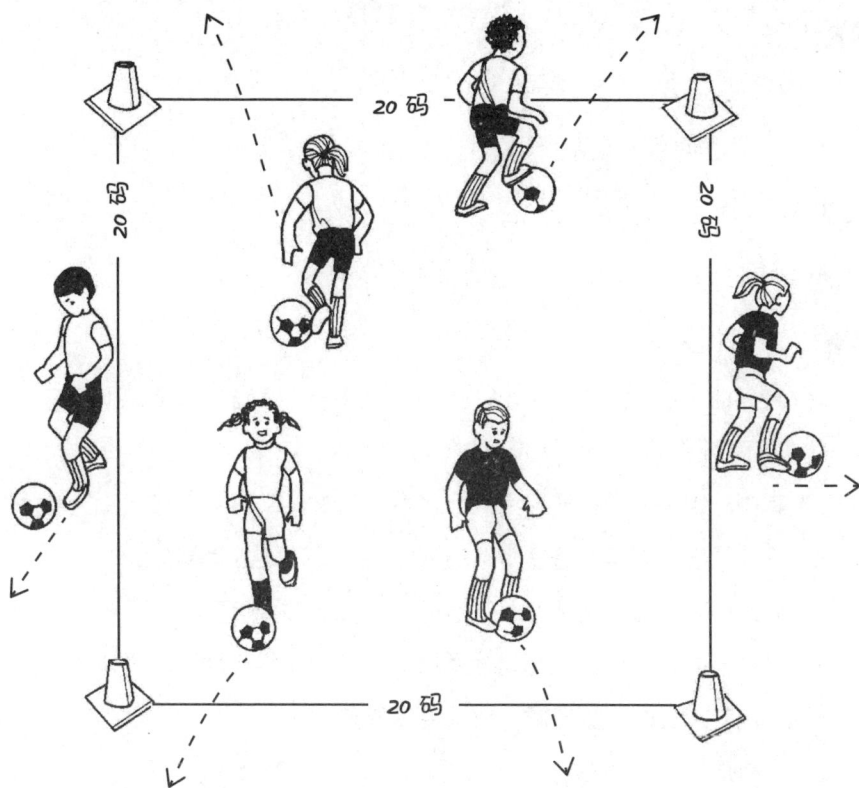

20 码

20 码

20 码

20 码

22 搭档标签比赛

目标

在没有防守压力下培养穿过空间的带球技能。

水平

入门、初级。

器材

- 每 2 名球员 1 个足球。
- 4 个大号锥桶。

时间

10 分钟。

步骤

1. 将搭档分组，每组都有 1 个足球，然后置于 20 码 ×20 码的网格中（参见下页图）。
2. 其中一组搭档没有球。我们称之为"他或她"。
3. 没有球的那组搭档追逐有球的搭档，尝试为其贴上标签。
4. 如果任意一组搭档被贴上了标签，那么就必须停下。
5. 已停下的搭档一直保持停止状态，直至另一组搭档可以通过其中一个已停下球员的双腿带球，从而将其解冻。
6. 所有球员都已停下或者预设时限到期时，比赛结束。
7. 将另一组搭档选为"他或她"，然后让所有球员重复这一比赛。

关键点

鼓励搭档在带球以及控球时，使用较轻的触球方式。要求球员使用良好的视觉方法来扫视网格，以便找出贴标签者，并减少与其他搭档小组的碰撞。

22

搭档标签比赛

相关训练

训练 24: 绕圈带球标签比赛。

训练 31: 两队带球标签比赛。

23   侵犯者比赛

目标

在轻微防守压力下培养带球技能。

水平

入门。

器材

- 5 个足球。
- 4 个大号锥桶。
- 6 个小号锥桶。

时间

10 分钟。

步骤

1. 球员位于 30 码 ×30 码的网格中（参见下页图）。

2. 发出信号，无球的球员背对着带球的球员。

3. 给带球的球员发出手势信号，让其开始将球带向背对他们的球员。

4. 带球球员在不会被贴上标签的情况下，尝试将球带过其中一个 2 码宽的通道，该通道在大号锥桶 3 和大号锥桶 4 之间分隔出来。如果带球成功，则可以获得 1 分，并且返回到大号锥桶 1 和大号锥桶 2 之间的空间后重复这一动作。

5. 如果在完成动作期间发出信号了，所有带球球员必须带球返回到大号锥桶 1 和大号锥桶 2 之间的空间，同时还要被无球的球员追逐。被贴上标签的持球球员将足球放在球场边线上并成为贴标签者。

6. 假设在开始时场内有位于大号锥桶 3 和大号锥桶 4 之间的所有贴标签者，以及大号锥桶 1 和大号锥桶 2 之间的所有带球球员。

7. 最后没有剩余的持球球员时，比赛结束。

8. 得分最多的持球球员获胜。

9. 选择新的贴标签者并再次开始比赛。

关键点

这是让球员开始培养带球技能的一种非常有趣的方法。如果给球员贴标签时非常容易，就要减少贴标签者的数量，增加网格的大小，或者在带球的球员非常靠近贴标签者之前吹响口哨。

相关训练

训练 20：三角形标签比赛。

训练 29：带球追逐比赛。

训练 32：侵犯比赛。

训练 33：四网格争夺赛。

24 绕圈带球标签比赛

目标

在轻微防守压力下培养带球技能。

水平

初级、中级。

器材

- 2 个足球。
- 每 6 名球员 4 个大号锥桶。

时间

10 分钟。

步骤

第一级

1. 6 名球员位于 10 码 × 10 码的网格中。

2. 4 名球员形成一个圆圈。

3. 2 名球员各自带 1 个球，站在圆圈外的相对面（参见下页图）。

4. 将其中一名球员指定为贴标签者。

5. 发出信号，贴标签者有 30 秒的时间给另一名带球的球员贴上标签，但 2 名带球球员都要带球。

6. 贴标签者可能会穿过圆圈，但是被追逐的球员不能穿过圆圈。

第二级

1. 球员重复第一级中的第 1 至 6 步。

2. 贴标签者追逐另一名球员时，已形成圆圈的球员作为 1 个单位移动，以便保卫被贴标签者追逐的球员。

关键点

球员需要使用良好的视觉技巧来了解贴标签者何时改变方向。频繁改变方向和速度对被追逐的球员会有所帮助。

相关训练

训练 22: 搭档标签比赛。

训练 31: 两队带球标签比赛。

25

摇取训练

目标

培养可创造空间并到达球门的带球技能（在第2级和第3级的防守压力下）。

水平

初级、中级、高级。

器材

- 每名球员1个足球。
- 每个球门1个大号锥桶。
- 4个球门。

时间

10分钟。

步骤

第一级

1. 将1个锥桶置于距球门40码远的位置。

2. 1名球员将球带向大号锥桶，完成个人动作来创造空间（例如，一个交叉动作），然后转向球门并开始射门（参见下页图）。

第二级

1. 将2个锥桶置于距离球门40码远的位置，两个锥桶之间相距约5码。

2. 1名防守球员站在2个锥桶之间的连线上，当进攻球员试图穿过2个锥桶到达球门时，该名防守队员尝试拦截。

第三级

1. 球员A站在距离球门40码远的位置。

2. 防守球员站在距离球门30码远的位置。

3. 将球传给球员A。

4. 球员A触到球时，防守球员追赶球员A。

5. 球员A使用自己的动作来创造空间并到达球门。

摇取训练

关键点

所有球员都要培养自己在虚拟压力（第一级中的大号锥桶）下的动作，直至取得成功。球员的技能提高到可以接受更多的挑战时，增加只能横向移动的防守球员（第二级）。这种改变略微增加了压力。在第三级中防守球员施加了类似比赛的压力。不要让球员仓促完成其训练。可以使用尽可能多的球门，或者增加临时球门，这样球员就会有更多的得分机会。

相关训练

无。

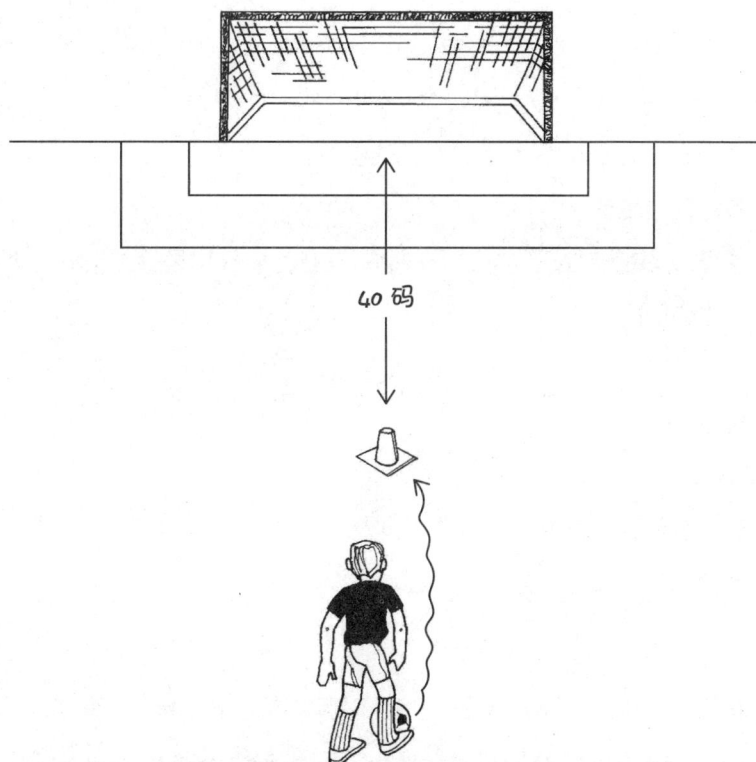

40 码

26 冲刺挑战训练

目标

面临类似比赛的防守压力时培养带球技能和速度。

水平

中级、高级。

器材

- 每 3 名球员 1 个足球。
- 4 个球门。

时间

10 分钟。

步骤

第一级

1. 球员 A 站在球员 B 后面约 5 码的位置。

2. 教练向前传球。

3. 球员 B 必须接住球，向球门冲刺，在作为防守球员的球员 A 可能截住球之前射门。

4. 该训练的变化包括以不同的速度、从不同的方向以及以不同的难度传球。

第二级

1. 球员重复第一级中的第 1 至 4 步。

2. 增加 1 名守门员来提高防守压力（参见下页图）。

关键点

鼓励球员将球推出 5 至 7 码的距离，以保持速度和控制力。在第二级中，通过禁止守门员离开球门线对其进行限制。随着球员技能的提高，也可以增加更多的守门压力。

相关训练

训练 27：控球训练。

训练 28：搭档带球训练。

训练 30：方向改变比赛。

教练

B

A

27 　控球训练

目标

在有比赛压力下培养保护和带球方法。

水平

初级、中级、高级。

器材

- 1 个足球。
- 4 个大号锥桶。

时间

5 分钟。

步骤

1. 放置 4 个锥桶形成 10 码 × 10 码的网格。

2. 2 名球员位于网格中，其中一名球员拿着球，而另一名球员作为防守球员（参见下页图）。

3. 发出信号，带球的球员使用保护和带球方法持续控球 30 秒。如果带球球员在 30 秒内丢了球，那么游戏结束。

4. 30 秒或者丢球之后，球员交换角色。

关键点

在足球比赛的任何团队中，获得成功的一个关键要素就是控球。团队能保持控球，部分原因是个别团队成员知道如何保护和带球，从而创造空间以便突破防守。突破防守是第 1 进攻者（即带球球员）的任务。在本训练期间，鼓励进攻球员将其身体保持在球和防守球员之间。进行防护时，一定要尝试将自己置于防守球员的"侧面"。这种位置可在防守球员和球之间实现最大的距离。

相关训练

训练 26：冲刺挑战训练。

训练 28：搭档带球训练。

训练 30：方向改变比赛。

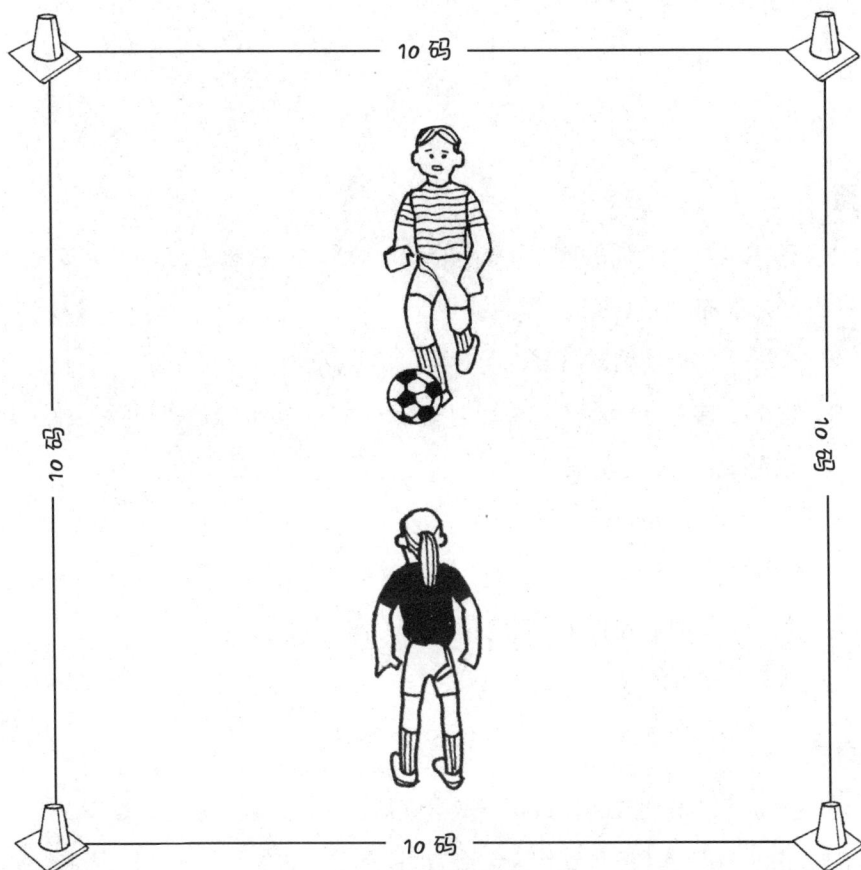

28　搭档带球训练

目标

培养带球技能，以便在带有比赛性质的防守压力下创造出空间。

水平

初级、中级、高级。

器材

每 2 名球员 1 个足球和 4 个大号锥桶。

时间

10 分钟。

步骤

1. 在 10 码 ×10 码的网格中，球员 A 持球在一条直线上，球员 B 站在正方形的对边（参见下页图）。

2. 球员 A 将球传给球员 B。

3. 球员 B 接到球后，球员 A 尽力追赶球员 B，以便靠近其空间并触到球或者迫使其退出网格。

4. 如果球员 A 触到球，就可以得 1 分。

5. 如果球员 B 将球安全带到对边线，球员 B 就可以得到 2 分。

6. 第 1 个获得 6 分的球员就是获胜者。

7. 球员交换角色。

关键点

在这一训练中，进攻球员成功一次可获得较多的分数，因为这是进攻性训练。鼓励进攻球员使用各种动作来创造空间。

搭档带球训练

相关训练

训练 26：冲刺挑战训练。

训练 27：控球训练。

训练 30：方向改变比赛。

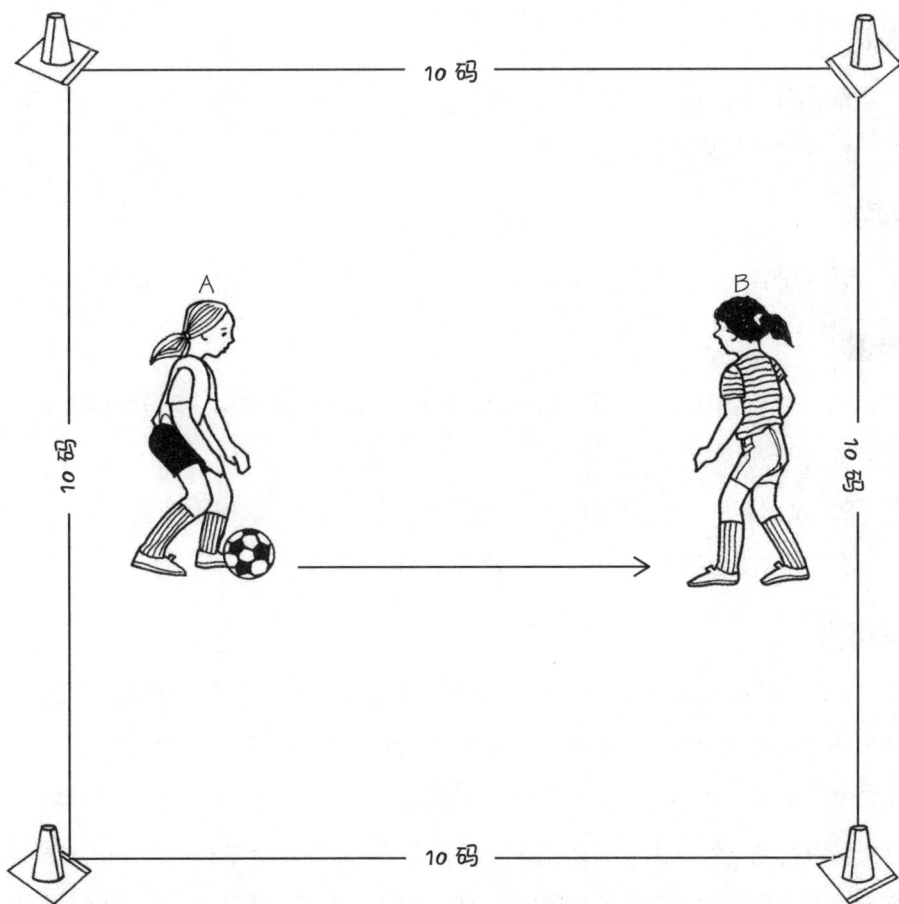

29 带球追逐比赛

目标

在轻微防守压力下培养带球技能和速度。

水平

初级、中级。

器材

- 2 个足球。
- 4 个大号锥桶。

时间

10 分钟。

步骤

1. 2 名球员各持 1 个球,他们位于 10 码 × 10 码网格中 2 个对角的角落(参见下页图)。

2. 发出信号,球员绕着网格外侧带球,尝试互相给对方贴标签。

3. 再次发出信号时,球员必须反转方向。

关键点

本次训练挑战的是球员在带球期间的持续控球能力。鼓励球员运用多的触球方法。需要强调的是,不要为了获得高速度而牺牲控球。在练习期间,可以设置多种网格,并且同时进行多个带球追逐比赛。这也是一项非常好的训练,球员可以在到达场地后立即参加这个训练。不要等待团队中的每个人都到达训练场,首先到达的 2 名球员就可以开始,之后的 2 名球员可以随后开始,以此类推。

相关训练

训练 20：三角形标签比赛。

训练 23：侵犯者比赛。

训练 32：侵犯比赛。

训练 33：四网格争夺赛。

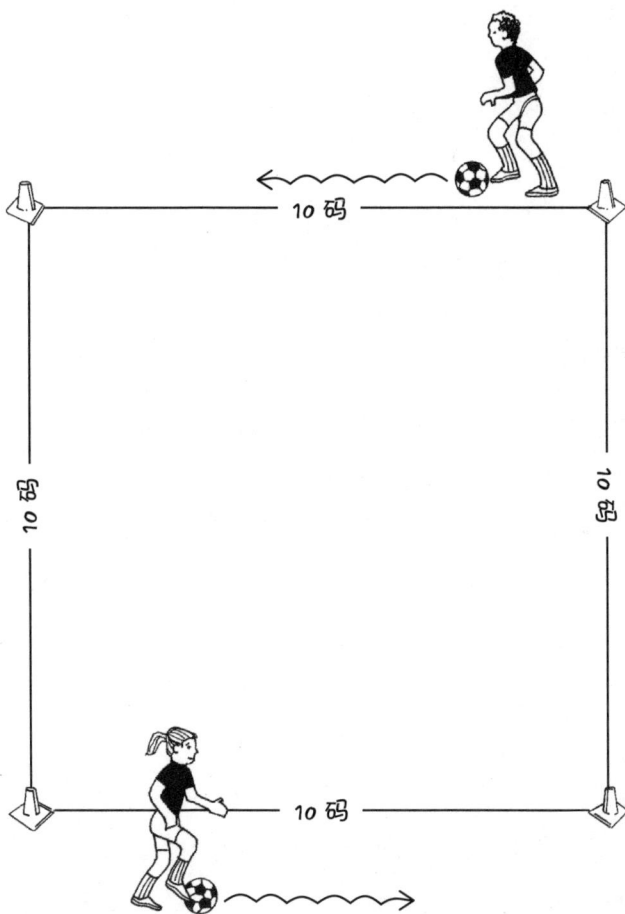

30 方向改变比赛

目标

在有合适的比赛防守压力下培养带球技能和速度。

水平

初级、中级。

器材

- 6 个足球。
- 4 个大号锥桶。

时间

15 分钟。

步骤

1. 球员分成 2 队，每队 3 人，球员位于 10 码 ×20 码网格外侧的一边（参见下页图）。

2. 每队中的一名球员进入网格（减少队列中争夺第一的竞争压力）。

3. 教练给网格中的 2 名球员提供 1 个球。

4. 获得控球权的球员在受到未控球球员的防守期间，尝试将球带过大号锥桶 1 和大号锥桶 2 标出的终点线，或者是大号锥桶 3 和大号锥桶 4 标出的终点线。

5. 发出信号时，控球的球员必须改变方向，并尝试将球带过反方向的终点线。

6. 如果防守球员夺走了球，他就可以尝试将球带过任意一个终点线。

7. 球员每次将球带过终点线时，都会为其团队获得 1 分。得到 1 分后，下一组球员进入网格。教练会提供 1 个球继续比赛。最先获得 10 分的团队将宣布为获胜者。

方向改变比赛

关键点

可以通过频繁发出信号并让球员改变方向，为这一比赛增添乐趣。为球员传球时可使用地滚球、后弹球和凌空传球。本次训练的网格要特意窄一些，这样有助于球员更有效地保护带球者。如果进攻球员在训练中显得比较艰难，可增加网格的宽度。

相关训练

训练 26：冲刺挑战训练。

训练 27：控球训练。

训练 28：搭档带球训练。

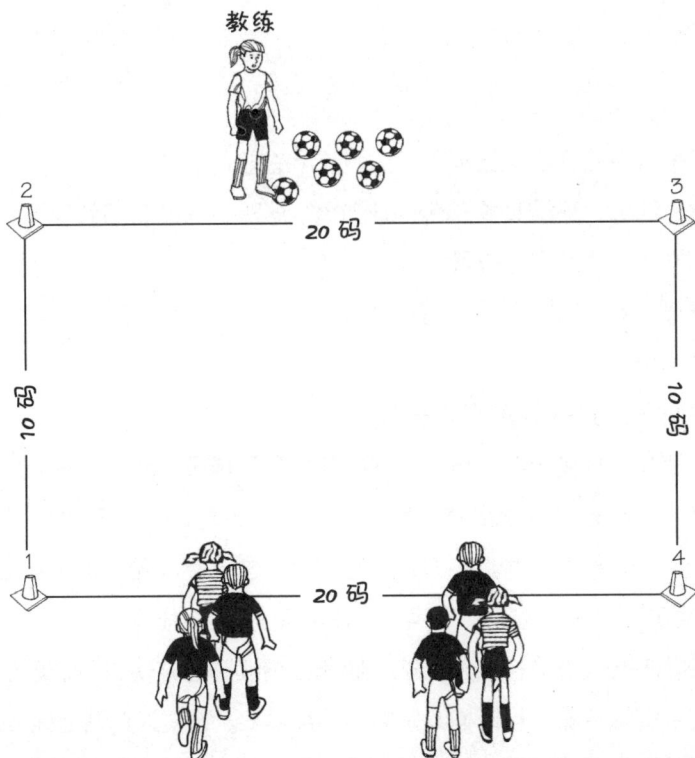

31 两队带球标签比赛

目标

在轻微防守压力下培养带球技能和速度。

水平

中级、高级。

器材

- 1 个足球。
- 3 件红色训练衫和 3 件蓝色训练衫。
- 12 个大号锥桶。

时间

10 分钟。

步骤

1. 将每队中的 3 名球员按照下页图所示的方式排好。

2. 发出信号，球员 D 将球带向球员 A。同时，球员 E 站到球员 D 在大号锥桶 4 旁边腾出的位置。

3. 球员 D 继续带球，直至使球员 A 碰到球。然后，球员 A 带球并使球员 E 碰到球。

4. 球员 B 站到球员 A 在大号锥桶 1 旁边腾出来的位置。同时球员 C 会站到球员 B 腾出的位置，而球员 F 会站到球员 E 腾出的位置。

5. 球员 D 在球员 A 触到球之后（如步骤 3 所述），继续绕着大号锥桶 2 跑步至球员 A 的身后，并追逐球员 A，尝试给其贴上标签。如果球员 D 给球员 A 贴上标签，则可以为其团队获得 1 分。

6. 如果球员 A 没有被贴上标签，他就会继续带球并使球员 E 触到球。球员 A 继续绕着大号锥桶 5 跑并追逐球员 E，尝试为其贴上标签。

7. 为其中一名球员贴上标签时，比赛再次开始，被贴上标签的球员所在团队从大号锥桶 1 或者大号锥桶 4 开始带球。

8. 让球员在比赛中得到 5 分，或者观察哪个团队可以在 10 分钟内得到最多的分数。

关键点

这是一项很好的比赛，有助于在开放空间中训练球员的带球速度。鼓励球员将球推到 5 至 7 码远的开放空间然后冲刺。如果很容易就能给球员贴上标签，那么就要增大大号锥桶 1 和大号锥桶 2 之间以及大号锥桶 4 和大号锥桶 5 之间的距离。

相关训练

训练 22：搭档标签比赛。

训练 24：绕圈带球标签比赛。

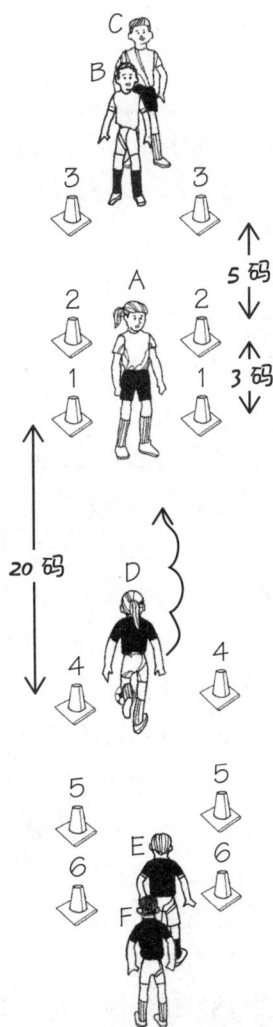

32 侵犯比赛

目标

在轻微防守压力下培养带球技能。

水平

初级。

器材

- 4 个足球。
- 4 个大号锥桶。
- 1 件红色球衣。

时间

10 分钟。

步骤

1. 球员位于 30 码 ×30 码的网格中（参见下页图）。球员 A 穿着红色球衣。
2. 发出信号，作为侵入者的球员 A 尝试给小组中带球的任意一名球员贴上标签（例如，球员 B）。
3. 球员 B 可能会在网格中的任意位置带球，并由其 2 个搭档做保护。
4. 每 1 组中的另 2 名球员手牵着手，可能会移动并试图将自己置于球员 A 与其团队中带球的球员 B 之间。在这一保护行动期间，他们必须继续手牵着手。
5. 如果球员 A 给带球的 1 名球员贴上了标签，那么该小组中的所有球员必须停下并将双腿伸开。
6. 停下的小组必须继续保持冻结，直至任一未停下小组的带球队员将球带过每一位已停下球员的双腿之间，此时，他们就变成了解冻状态，并重新开始比赛。
7. 比赛继续，直至所有小组都停下。
8. 然后球员改变角色（带球队员、防护队员和侵入队员）并重复这些动作。

侵犯比赛

关键点

初学的球员在这一比赛中会享受到很多的乐趣。鼓励球员使用轻微的触球方式来控球，并运用良好的视觉技巧移动到其搭档可以保护他不会被贴上标签的空间。

相关训练

训练 20：三角标签训练。

训练 23：侵犯者比赛。

训练 29：带球追逐比赛。

训练 33：四网格争夺赛。

33 四网格争夺赛

目标

在轻微防守压力下培养穿过空间的带球方法和策略。

水平

中级、高级。

器材

- 12 个足球。
- 16 个大号锥桶。

时间

10 分钟。

步骤

1. 将大号锥桶放置成 4 个 20 码 × 20 码的网格形状。
2. 每个网格中有 4 名球员，其中 3 名球员带球，另一名球员无球（参见下页图）。
3. 发出信号，无球的球员追逐带球球员，尝试触到球。
4. 如果无球的球员触到了另一名球员的球，或者导致 1 名球员在网格外带球，那么这名没有球的球员就获得了控球权。
5. 然后，重新变成没有球的球员追逐另一名球员，以获得球权，但他不能从导致其丢球的球员处重新获得球权。

关键点

本次训练提供数百次触球机会以及最大的活动量，同时培养第一进攻者带球技能的策略能力。通过让 4 个网格中各有 4 名球员（而不是 1 个大型网格中有 16 名球员）的方法，可使球员将精力集中在带球技能方面，而不用将视线分散在很多的球员身上。通过运用防守球员来提供轻微的防守压力，可以改进比赛任务的战术决策制定过程。为了挑战更多的高技能，球员可以缩小网格的大小（这样球员就可以在较小的空间中培养带球技能）或者再增加 1 名防守球员（不带球的球员）。如果再增加 1 名防守球员，则要将网格中的球员数量增加至 5 个。

相关训练

训练 20：三角形标签比赛。

训练 23：侵犯者比赛。

训练 29：带球追逐比赛。

训练 32：侵犯比赛。

34 六球门比赛

目标

在比赛防守压力下培养带球技巧和战术。

水平

中级、高级。

器材

- 3 个足球。
- 12 个大号锥桶。
- 6 件红色球衣和 6 件蓝色球衣。

时间

10 分钟。

步骤

1. 将 3 对大号锥桶摆放在一条直线上，其间相距 20 码，形成 3 个 2 码宽的球门。

2. 在 3 对大号锥桶的对边，距离第一排大号锥桶 40 码远的位置，将另 3 对锥桶摆放在一条直线上，其间相距 20 码远，形成 3 个 2 码宽的球门（参见下页图）。

3. 在球场的中间，安排 3 名穿红色球衣的持球球员和 3 名穿蓝色球衣的防守球员。

4. 在每个蓝队球门后面 5 码远的位置安排一名蓝队球员，每个红队球门后面 5 码远的位置安排 1 名红队球员。这些球员不是守门员。他们是每次计分后重新开始活动的发球员。

5. 发出信号，每个团队的球员试图将球带过其对手的任何 1 个球门，每次成功的尝试可以得 1 分。必须连续带球且不能将球传过球门。

6. 得分之后，进攻球员就成为防守球员，而防守球员成为新的进攻球员。球门后的发球员开始发球，成为新的进攻球员。

7. 继续比赛 5 分钟，此时中间的球员与发球员交换角色。

8. 10 分钟后得分最多的团队是获胜者。

关键点

第一进攻者（带球的球员）的作用是突破防守。这一比赛让球员有机会通过多次触球来培养带球技术，而且也有机会开发战术（决策制定）开发。通过允许球员将球带过对手 3 个球门中的任何一个（而不只是一个），该比赛可鼓励球员进行多次方向改变。为了增加多样性，可让发球员通过掷界外球来重新开始比赛。

相关训练

无。

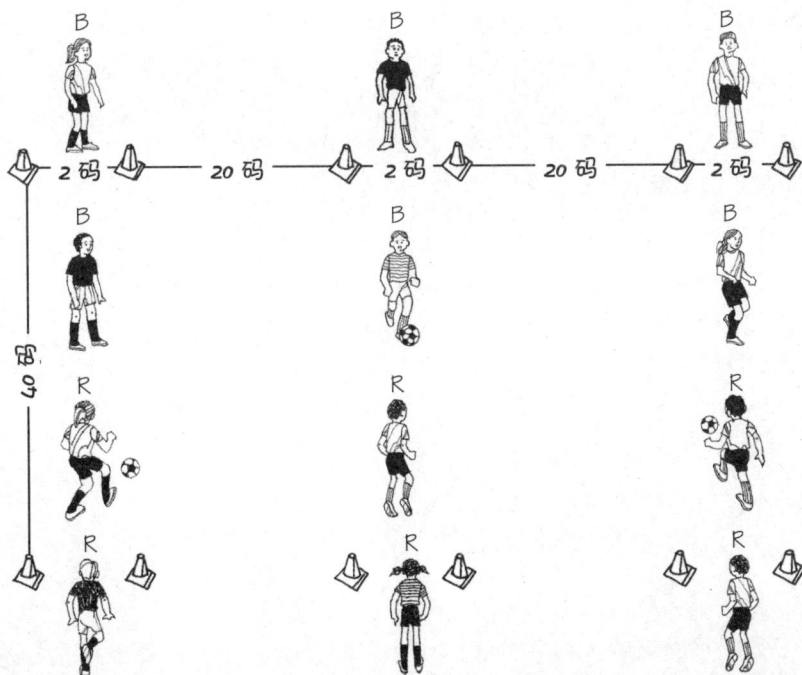

第 3 章

传接球训练

对教练来说，最难的一项任务就是训练球员连续传球的能力。要想获得这种能力，球员必须掌握高效的传接球方法（方式）以及策略性知识（时间和地点）。接球就是用身体的各个部位（除手臂外）接住球并控制住球。技术性传球技能可以在球员开发的早期阶段引入，而且应该在后期阶段中更加重视。策略性知识一般会随着经验的积累而逐步增加。通过小场比赛给球员提供机会，使其学习如何在开放空间中传球，而不是在防守球员密集的空间内传球。球员还可以学习何时应将球传给队友以及何时应该带球穿过空间，从而与跑动的队友形成配合。了解向哪个队友传球也很重要。球员应按照下列顺序做出传球选择。

1. 传给有得分机会的队友。

2. 传给突破防守且向前推进的队友。

3. 传给可以缓解防守压力，使团队可以持续控球的队友。

传球选择受球员的体能、技术水平和场地位置等因素的限制，甚至还受到对手能力的限制。球员无球跑动、提高技能、敢冒风险以及维持良好的场地视线时，传球选择也会随之增加。

本章逐步介绍各个训练内容：（1）固定传球给固定目标；（2）固定传球给移动目标；（3）移动传球给固定目标；（4）移动传球给移动目标；（5）有轻微压力下的传球技能；（6）带有比赛压力下的传球技能。

这些训练强调的是长传和短传方法的训练。鼓励球员训练短传方法有助于其在传球时准确、干净利落且平稳。指导球员将触球脚的脚后跟以锁定姿态旋向目标，这就让脚内侧可以接触到球。触球脚应接触球的上半部分，这样会使球向前滚，并保持低速（平稳）。鼓励球员扩大其随球动作，将触球腿的膝盖抬高。至于长传，球员应将非触球脚稍微向后放一点并离开足球。这样在用脚踢球的底部时就会使腿完全伸展开。触球脚的脚踝应在长传球期间略微向下转一下。触球脚应在随球动作期间保持较低。在这一过程的第一阶段中，球员会学习要想将球踢出一定的距离，踢球时就要掌握好力度。球员还将了解如何根据情况判断腿的速度和用不同的力度踢球。

传球训练的第一阶段需要固定的球员向固定的目标传球。这一标准训练通过排除动作和防守压力等影响因素，可训练球员掌握适当的传球方法。

球员的传球技术提高之后，可增加动作难度。首先让球员向移动的目标传球。这就需要其了解目标球员的速度、球到达目标的距离以及传球速度和角度之间的关系。这种情况在下一阶段中更有挑战性，需要让传球者开始移动。现在，球员必须考虑传给移动目标所涉及的所有因素，同时自己还要考虑空间问题。初学球员可能觉得这简直如噩梦一般。为了防止出现沮丧情绪，让球员开始时进行得慢一些，然后再逐渐提高速度。

这一过程的最后阶段是增加防守压力，减少制定战术所用的时间和空间。根据球员的能力，逐渐从轻微的防守压力向带有比赛性质的防守压力过渡。

随着球员的传球技术越来越熟练，其传球能力也会相应提高。球员在训练传球时涉及的足球术语。

- 直传——使 2 个防守球员中间空当被撕破。
- 横传——传给侧面（旁边）的队友。
- 回传——向反方向传球，通常是掷界外球。

有了良好的沟通能力和更高的传球能力，球员的踢球方式就会发生改变，从个人主义、始终想带球进行突破的方式，变成更有团队精神且经过精心策划和组织的进攻方式。

35 搭档传球训练

目标

在没有防守压力下训练从固定传球者到固定目标的传球准确度和接球技巧。

水平

入门、初级。

器材

- 每两名球员 1 个足球。
- 4 个大号锥桶。

时间

10 分钟。

步骤

第一级

1. 球员分散在 30 码 ×30 码的网格中。
2. 搭档之间应相距约 10 码远。
3. 球员为其搭档传球,搭档接住球后再传回给传球者(参见下页图)。
4. 鼓励球员按顺序大声喊出"接球、观察、向右看、传球"。
5. 球员按上述顺序重复动作,这次是向左看,或者向左向右看,然后再传球。

第二级

1. 球员重复第一级中的第 1 至 5 步。
2. 变换这一活动,使 3 名球员呈三角形,或者使多名球员呈圆形。
3. 固定球员传球给固定目标后,传球者就跑到接球者的空间。

关键点

初学的球员应首先使球停下来,然后再传回给搭档。鼓励球员让停球的身体部位放松,这样会起到缓冲的效果。使球停下来会提高传球的准确度,因为

搭档传球训练

与移动中的球相比，可以很容易踢到固定的足球。第二级包含了传球后的移动。这有助于建立一种概念：传球者在传球之后成为无数跑动球员身份（而不是成为旁观者）。之后，这种移动就会最终形成踢墙式传球。

相关训练

训练 50：搭档高速公路训练。

训练 37：穿针引线式训练。

训练 43：太空人训练。

训练 46：双锥训练。

训练 53：传运训练。

训练 54：首次触球训练。

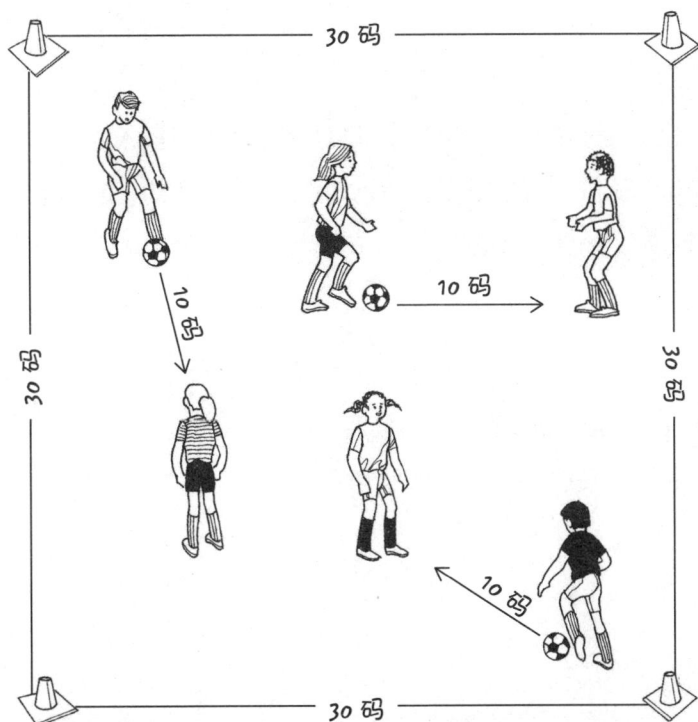

36 淘汰赛

目标

在没有防守压力下训练传球准确度。

水平

入门。

器材

- 每名球员 1 个足球。
- 6 个大号锥桶。
- 1 个彩色足球。

时间

10 分钟。

步骤

1. 将球员分成两队，每队 4 人，让球员形成一个圆圈（参见下页图）。
2. 发出信号，球员把自己的足球踢向圆圈中心彩色的足球。
3. 哪队使彩色足球越过另一队所在的半圆的边线，哪队就是获胜者。

关键点

每队都指派 1 名球员进入圆圈中，然后将球向后传给圆圈外等待的队友。你可以选择让球员进行多次两分钟的比赛。在这一变化中，两分钟时间到了之后，如果彩色足球在另一队的一边且没有完全越出圆圈，那么该队就是获胜者。

淘汰赛

相关训练

训练 38：聚拢比赛。

训练 51：三人传球训练。

训练 49："返还发球者"训练。

训练 40：两队传球挑战赛。

训练 55：三队传球训练。

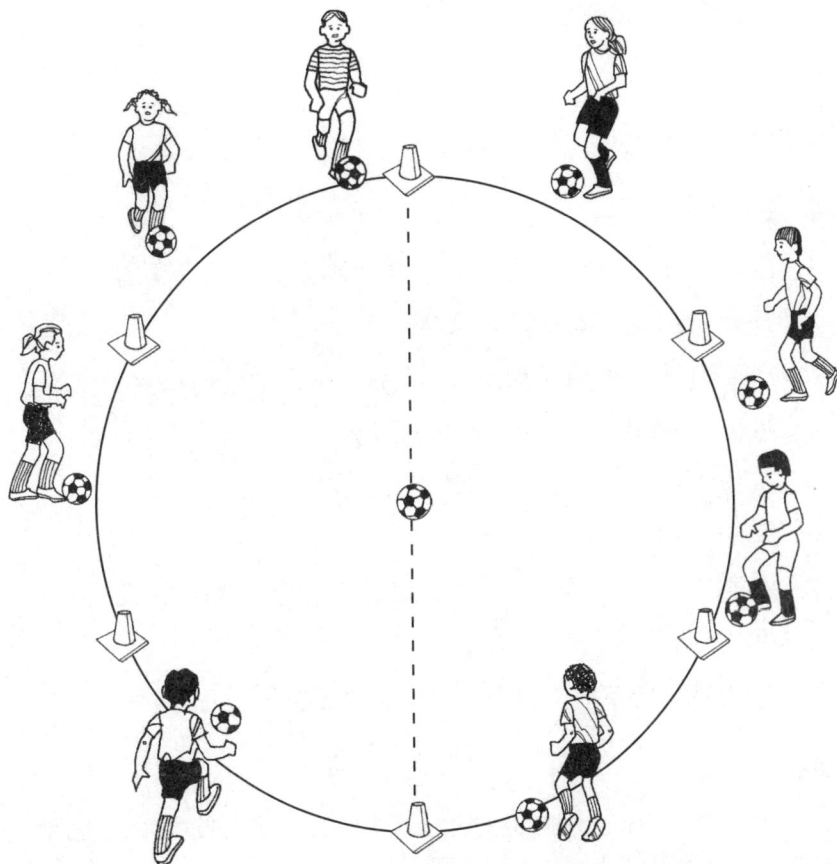

37　穿针引线式训练

目标

在没有防守压力下提高从固定传球者到固定目标的传球准确度和接球能力。

水平

入门、初级。

器材

每2名球员1个足球和2个大号锥桶。

时间

5分钟。

步骤

1. 搭档之间放置2个大号锥桶并分散在球场上（参见下页图）。
2. 开始时锥桶之间的距离约3码或4码远。
3. 搭档在锥桶之间相互传球。
4. 将这一训练看作比赛可增添不少乐趣。
5. 发出信号，球员开始传球训练。
6. 每次成功传球之后，球员就后退1步。
7. 如果球没有从2个大号锥桶之间穿过，那么球员必须返回到起点并再次开始。
8. 2分钟后，停下来并询问搭档是否注意到彼此之间的距离。

关键点

开始训练时，搭档之间的距离约为10码。随着球员技术水平的提高，可增加球员之间的距离并减小大号锥桶之间的距离。要想评估球员的表现，计算一下搭档在20次传球中有多少次可以将球传过锥桶之间。一定要确保球员接住球并使其停下来，然后再重新传球。

相关训练

训练 35：搭档传球训练。

训练 50：搭档通路训练。

训练 43：太空人训练。

训练 46：双锥训练。

训练 53：传运训练。

训练 54：首次触球训练。

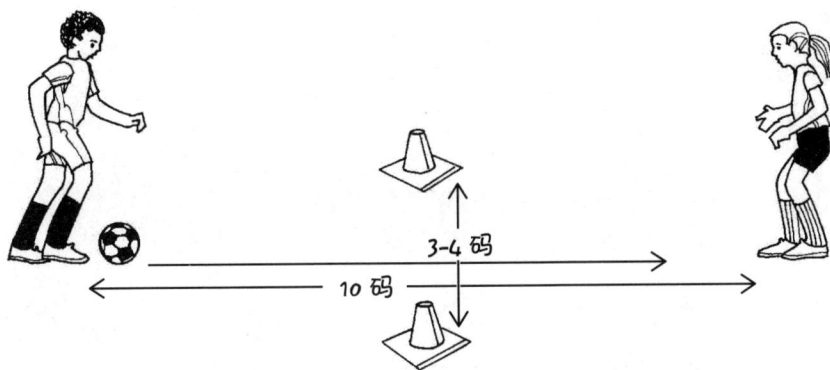

38 聚拢比赛

目标

在没有防守压力下训练带球和传球能力。

水平

初级。

器材

- 10 个足球。
- 6 个大号锥桶。
- 16 个小号锥桶。

时间

10 分钟。

步骤

1. 让球员位于 40 码 × 40 码的网格中（参见下页图）。

2. 在中心线上放置 10 个足球。

3. 发出信号，球员跑到中心线上，将球带到自身一侧 10 码 × 10 码的网格中，然后将球踢到另一队的一边。

4. 球员继续将自身一侧找到的所有球聚拢，再将其带到最近的网格中，然后踢到另一队的一侧。

5. 2 分钟后，停止比赛并计算每侧的足球数量。

6. 自身一侧足球数较少的一队宣布为获胜者。

7. 重新将球放到中心线上，然后让球员重新开始比赛。

关键点

鼓励球员用最快的速度收集自身一侧的球。在向对方团队的一侧踢球时，仔细寻找未被对方球员占据的空间。还可以通过限制球员只能使用其左脚或右脚来改变这一训练内容。

相关训练

训练 36：淘汰赛。

训练 51：三人传球训练。

训练 49："返还发球者"训练。

训练 40：两队传球挑战赛。

训练 55：三队传球训练。

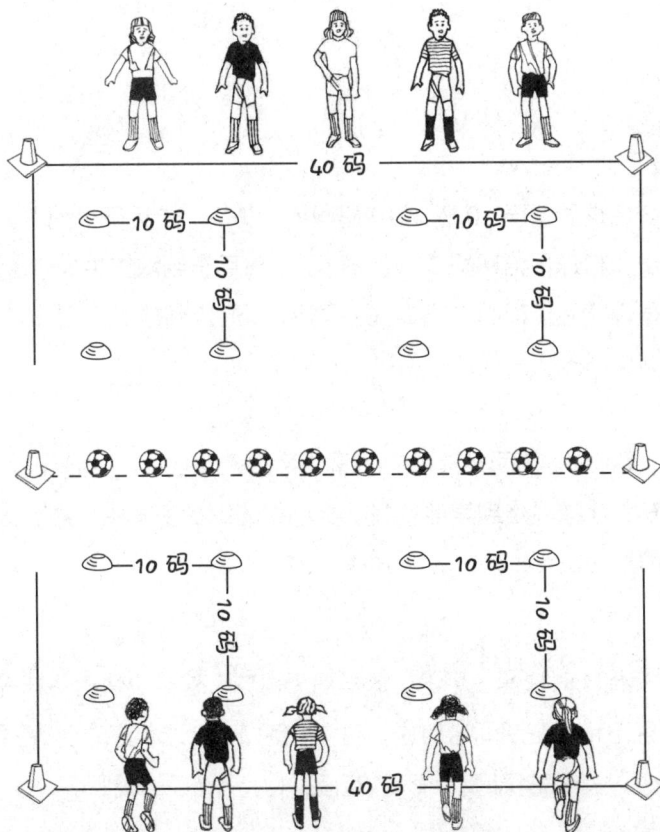

39 "再见"训练

目标

训练从固定传球者到固定目标的传球准确度和停球能力，以及在没有防守压力下传球之后开始移动的能力。

水平

入门。

器材

每 3 名球员 1 个足球和 4 个大号锥桶。

时间

5 分钟。

步骤

第一级

1. 将 3 名球员置于 10 码 ×10 码网格的角落（参见下页图）。
2. 球员 A 将球传给球员 B，说"再见"，然后走到网格中未被占用的角落。
3. 球员 B 随后传球给球员 C，说"再见"，并走到球员 A 刚才占据的角落。
4. 所有球员多次重复这一动作。

第二级

1. 球员熟悉 10 码网格提供的间隔之后，移走锥桶。
2. 现在，让球员走到其他 3 名队员小组的综合空间中，然后重复第一级中的移动。

关键点

鼓励球员传球时快速、平稳，这样易于停球。球员应快速传球并移动到开放空间。在练习和比赛期间增加这一动作（例如，传球和移动）。在第二级中，鼓励球员在越过其他球员时利用开放空间并保持 10 码的间距。

相关训练

训练 41: 绕圈收集训练。

训练 42: "你好"训练。

训练 44: 摇摆训练。

训练 45: 旋转训练。

训练 47: 直线训练。

训练 48: 二次触球训练。

训练 52: 四角传球训练。

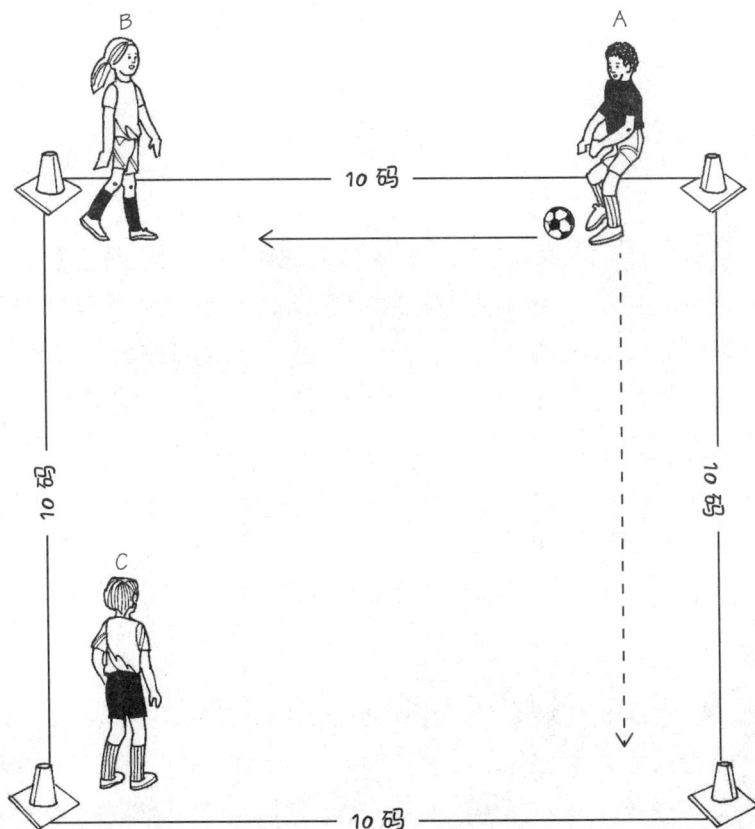

40 两队传球挑战赛

目标

在没有防守压力下训练进行长传时的传球准确度和停球能力。

水平

中级、高级。

器材

- 2 个足球。
- 4 件红色训练衫和 4 件蓝色训练衫。
- 16 个大号锥桶。

时间

15 分钟。

步骤

1. 让每队的 1 名球员位于 10 码 × 10 码的网格中（参见下页图）。
2. 网格 1 中的红队球员和网格 3 中的蓝队球员带球并准备开始动作。
3. 发出信号，球员将球从网格 1 传到网格 2，传到网格 3，再传到网格 4，以此类推。
4. 如果球员没有将球传到下一个网格中，就必须尽快取回球并再次尝试将球传到下一个网格。如果第 2 次尝试仍失败，那么尝试接收其传球的队友取回球并继续比赛。
5. 第 1 个 2 次将球传到全部 4 个网格中的团队就是获胜者。

关键点

鼓励球员在踢球的底部时踢球脚保持处于较低的位置。强调将整个腿伸展开，以便在踢长传球时力量最大。变化该训练时，让团队看看在 3 分钟的时间限制内可以传球通过多少个网格；或者一直让其比赛，直至其中一个团队"围住"另一个团队。

两队传球挑战赛

40

相关训练

训练 36：淘汰赛。

训练 38：聚拢比赛。

训练 51：三人传球训练。

训练 49："返还发球者"训练。

训练 55：三队传球训练。

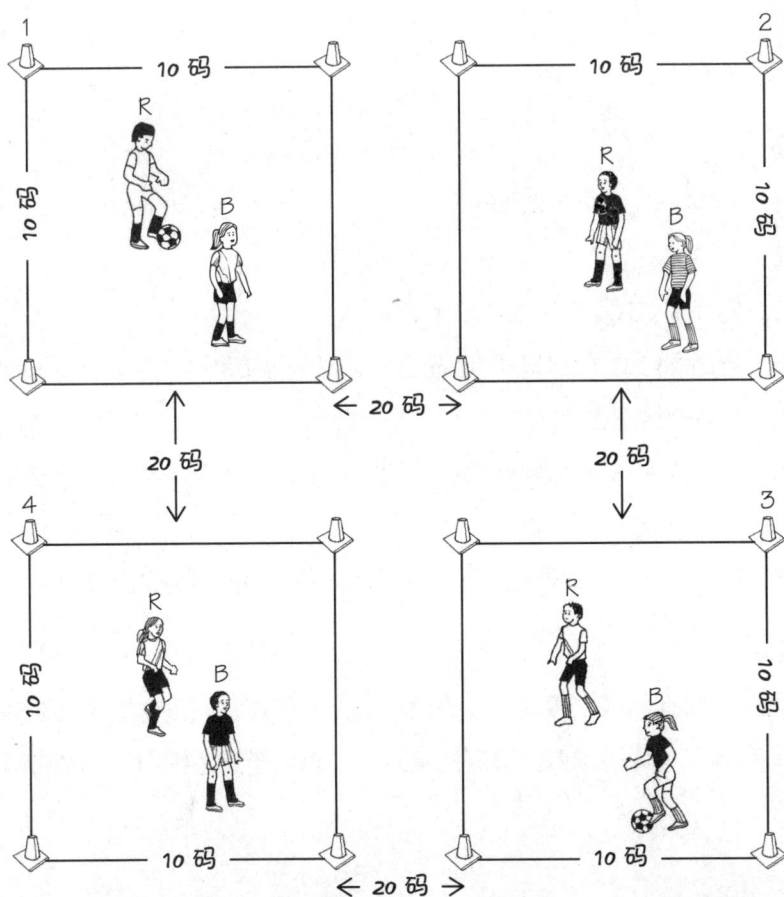

41

绕圈收集训练

目标

在没有防守压力下训练从固定传球者到移动目标的传球准确度和停球能力。

水平

初级、中级。

器材

每 9 名球员 6 个足球。

时间

10 分钟。

步骤

1. 6 名球员形成一个圆圈。

2. 每名球员都有 1 个足球（参见下页图）。

3. 另外 3 名球员在圆圈内不断运动。

4. 当圆圈内的 1 名球员与圆圈上的球员眼神接触时，圆圈上的该球员就将球传给里边的球员。

5. 圆圈内的球员将球归还给为其传球的球员，并移动到另一个空间来接住另一个传球。

6. 每隔 1 到 2 分钟形成圆圈的球员就与圆圈内的球员交换位置。

关键点

提醒球员在圆圈中移动，以通过开放空间传球。圆圈内的球员应停球、观察并就其下一次传球做出最好的决定。这有助于避免踢向另一个带球的移动球员。

相关训练

训练 39："再见"训练。

训练 42："你好"训练。

训练 44：摇摆训练。

训练 47：直线训练。

训练 48：二次触球训练。

训练 52：四角传球训练。

训练 45：旋转训练。

42 "你好"训练

目标

在没有防守压力下训练从固定传球者到移动目标的传球准确度和停球能力。

水平

入门。

器材

每3名球员1个足球和4个大号锥桶。

时间

5分钟。

步骤

第一级

1. 3名球员都站在10码×10码网格的角落中（参见下页图）。
2. 球员C最靠近未占用的角落且没有球权，然后他移动到未占用的角落并说出"你好"。
3. 球员A持有球，传给球员C。
4. 球员B移动到球员C原先占用的空间，然后接到球员C传的球。

第二级

1. 球员非常熟悉空间拉开时，移掉锥桶。
2. 多组球员可以移动到一个更大的网格中，然后重复第一级中的动作。

关键点

鼓励球员移动到新的空间，并为传球者提供口头提示。在这一训练中，球员应该说出"你好"。为了保持一致性，你可能想让球员说出"空间"。移动的球员应一直等待，直到传球者在开始任何动作之前已控制住球且进行了眼神交流。与球员进行交流如何才能给跑向球的球员传一个恰到好处的球，从而对停球过程提供帮助。

相关训练

训练 39："再见"训练。

训练 41：绕圈收集训练。

训练 44：摇摆训练。

训练 47：直线训练。

训练 48：二次触球训练。

训练 52：四角传球训练。

训练 45：旋转训练。

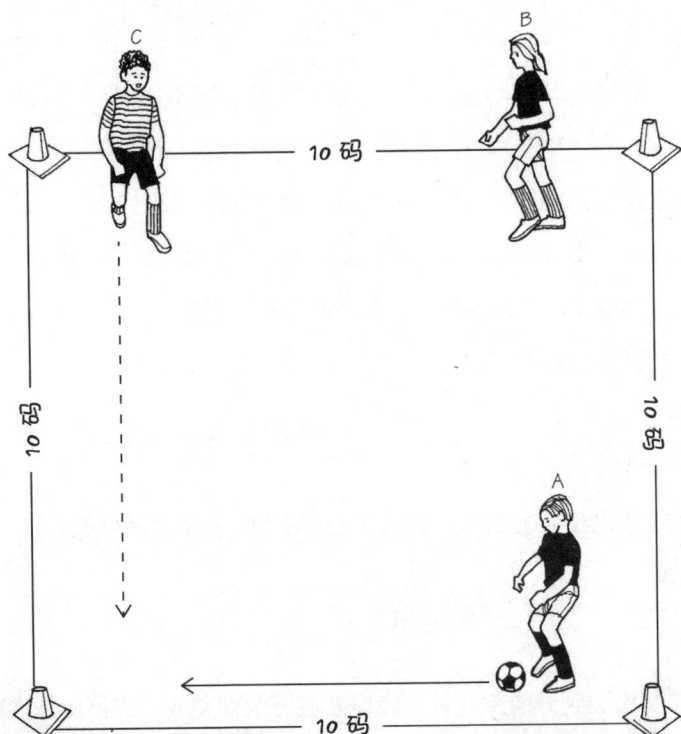

43　太空人训练

目标

在没有防守压力下训练从固定传球者到移动目标的传球准确度和停球能力。

水平

初级、中级。

器材

每 2 名球员 1 个足球和 3 个大号锥桶。

时间

5 分钟。

步骤

第一级

1.　2 名球员位于由大号锥桶形成的三角形内，各锥桶相距 10 码远。

2.　每名球员占据三角形的一个角（参见下页图）。

3.　无球球员跑向三角形中未占用的一角并大声说出"空间！"

4.　带球的球员将球传给正在移动的球员。

5.　传球的球员跑到未占用的一角，接住传回的球。

6.　球员多次重复这一动作。

第二级

1.　移掉锥桶。

2.　让搭档仍使用相距 10 码远的三角形方式穿过其他搭档之间的综合
空间。

关键点

鼓励球员移动到开放空间并与传球者进行眼神交流，确保传球者所控制的球可以传出去。传球者引导球员移向空间，将球略微向前传一点，这样球员就不需要迈开大步去停球了。跑动的时机和有效的交流对于本次训练的成功与否也很重要。

相关训练

训练 35：搭档传球训练。

训练 50：搭档通路训练。

训练 37：穿着引线式训练。

训练 46：双锥训练。

训练 53：传运训练。

训练 54：首次触球训练。

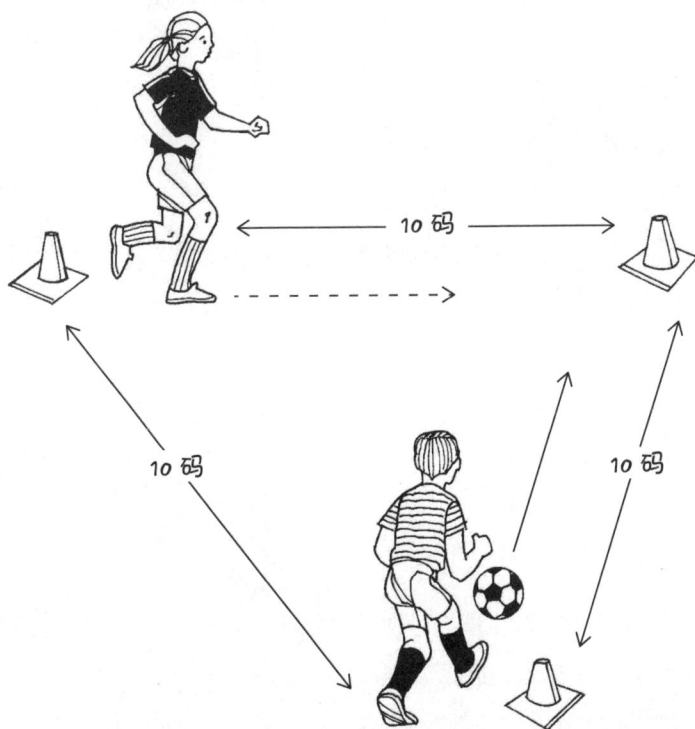

44 摇摆训练

目标

在没有防守压力下训练从固定传球者到移动目标的传球准确度和停球能力。

水平

初级、中级。

器材

每 3 名球员 2 个足球和 4 个大号锥桶。

时间

10 分钟。

步骤

1. 3 名球员位于 10 码 × 10 码的网格中（参见下页图）。
2. 其中 2 名球员站在网格的同一边，每名球员有 1 个球。
3. 第 3 名球员站在对边。
4. 无球球员移向未占用的一角。
5. 该球员移动时，另一边的球员开始传球。
6. 移动的球员接住球并将球回传给传球者，然后跑到刚刚离开的一角接住另一名球员传来的球。
7. 球员继续这种往返移动。
8. 1 分钟后，球员交换角色。
9. 球员的能力提高后，还可以进行往返移动比赛，计算在 1 分钟内可以进行多少次传球。

关键点

鼓励球员在传球时要力度适当，尽量平稳，这样球员容易接球。讨论接球球员的速度如何影响传球者，必须将球提前传多远。

相关训练

训练 39："再见"训练。

训练 41：绕圈收集训练。

训练 42："你好"训练。

训练 47：直线训练。

训练 48：二次触球训练。

训练 52：四角传球训练。

训练 45：旋转训练。

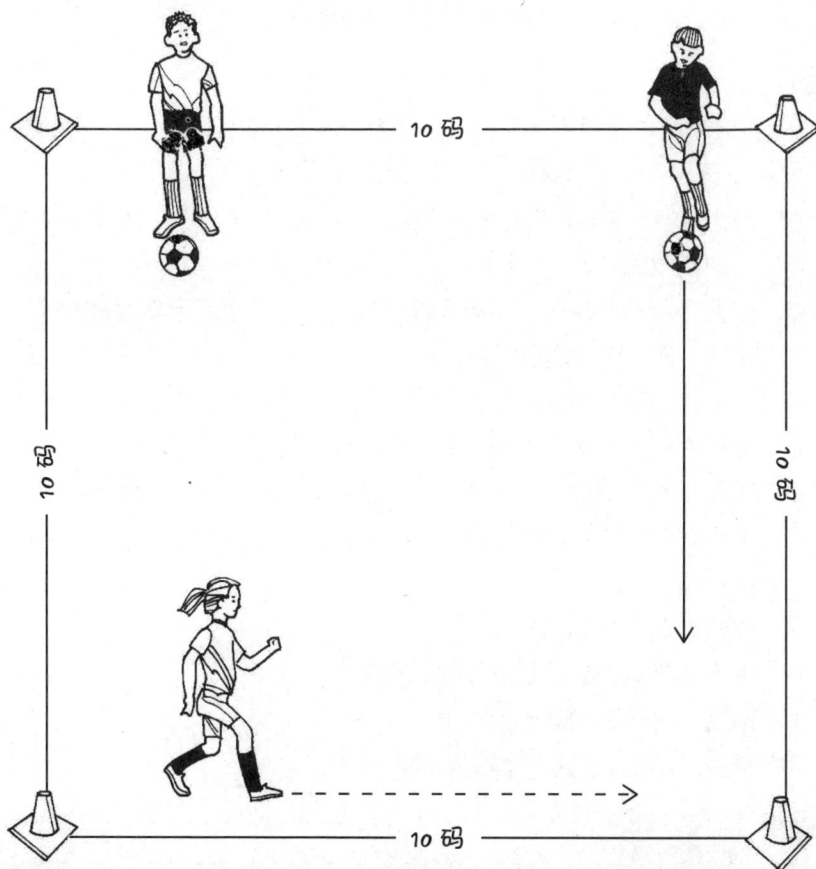

45

旋转训练

目标

在没有防守压力下训练从固定传球者到移动目标的传球准确度和停球能力。

水平

中级、高级。

器材

- 1 个足球。
- 8 个大号锥桶。

时间

10 分钟。

步骤

1. 3 名球员位于每组大号锥桶（标为 1 和 2）的后面，2 组大号锥桶相距 20 码（参见下页图）。

2. 发出信号，球员 A 沿对角方向跑动，并假定会处于一个侧向的位置（背对球场边线）。

3. 球员 B 传球给球员 A，球员 A 在侧向位置时用靠近其大号锥桶 1 的脚接球。在本例中是右脚。

4. 球员 A 将球传给球员 C。

5. 球员 A 移动到大号锥桶 2 后面的边线。

6. 球员 C 接到球员 A 传的球之后，球员 B 沿对角方向跑动并假定会处于一个侧向位置。球员 B 进行对角方向跑动时要跑到球员 A 所跑网格的对边。

7. 球员 C 将球传给球员 B。

8. 球员 B 用靠近其大号锥桶的脚接住球。

9. 然后，球员 B 将球传给球员 D。

10. 球员 B 移动到大号锥桶 1 后面的边线。

关键点

球员应在更快的比赛速度下练习接球。在没有任何防守压力下，可以在侧向位置接球的球员可以有效地转身或改变方向。在侧向位置停球还可以扩大球员的视野,使其能够更快地做出下一个球的决定。

相关训练

训练 39:"再见"训练。

训练 41:绕圈收集训练。

训练 42:"你好"训练。

训练 44:摇摆训练。

训练 47:直线训练。

训练 48:二次触球训练。

训练 52:四角传球训练。

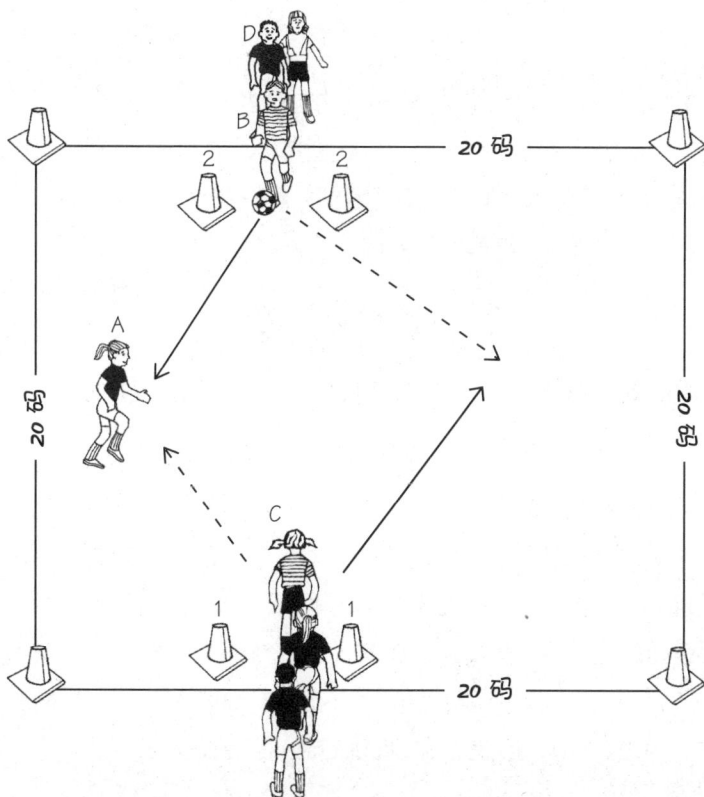

46 双锥训练

目标

在没有防守压力下训练首次触球和传球准确度。

水平

中级、高级。

器材

- 1 个足球。
- 2 个大号锥桶。

时间

10 分钟。

步骤

1. 将 2 个锥桶放在相距约 1.5 米远的位置。
2. 球员 A 站得略微靠后一点，且靠近其中一个大号锥桶的一边，而球员 B 带球，站在大号锥桶中间位置前方约 3 米处。
3. 球员 A 在第一个锥桶的外部向 2 个锥桶的中间移动。在移动到大号锥桶 1 和 2 之间时，球员 A 接到球员 B 的传球，将球带到第二个大号锥桶的外部。然后，球员 A 将球传给球员 B。
4. 球员重复这一动作，持续时间为 1 分钟。然后交换角色。

关键点

　　强调使用首次触球的重要性来定位足球，以便进行下一次动作。恰到好处的首次触球常常意味着可以起到缓冲作用（例如，通过将接触脚略微向后移来减慢球的速度。）恰到好处的首次触球还能使下一个足球动作更快地发生。鼓励球员以适当的速度平稳地传球。本次训练的各种变化可能包括让接球者二次触球（例如，使用一只脚或者结合使用左右脚接触球两次），或者让接球者接触一次球（例如，将球传给首次触球的队友，但他不停球）。

相关训练

训练 35：搭档传球训练。

训练 50：搭档通路训练。

训练 37：穿针引线式训练。

训练 43：太空人训练。

训练 53：传运训练。

训练 54：首次触球训练。

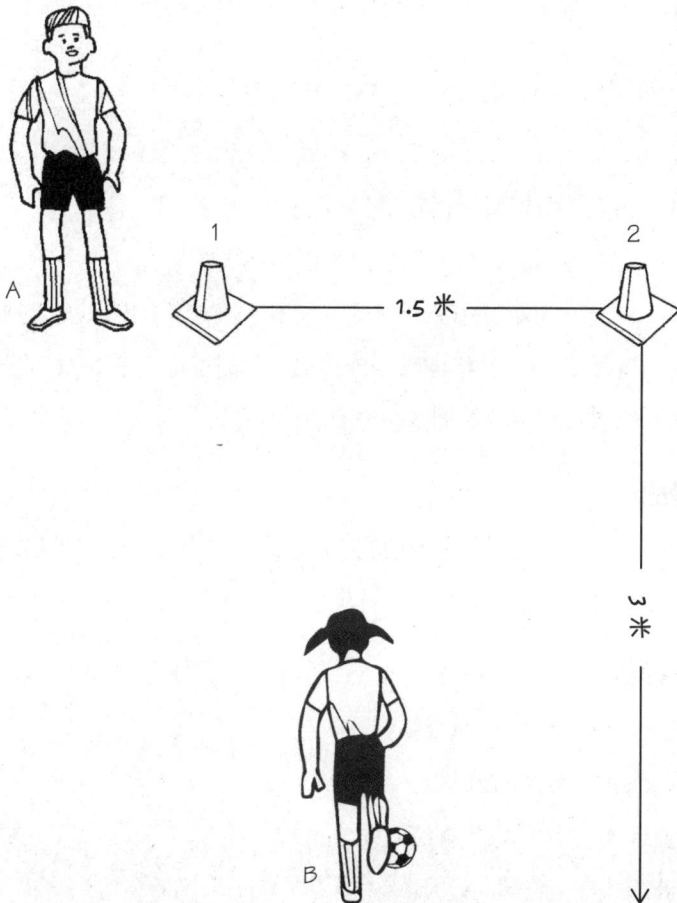

47 直线训练

目标

在没有防守压力下训练从一移动球员向固定目标的传球准确度和停球能力。

水平

中级。

器材

每 3 名球员 1 个足球和 2 个大号锥桶。

时间

5 分钟。

步骤

1. 将 2 个锥桶置于相距 3 至 4 码远的位置。

2. 让 3 名球员站在一条线上（参见下页图）。

3. 球员 B 传给球员 A，球员 A 接球，将球带向球员 C，并传给球员 C。

4. 球员 C 停球并将球带向球员 B，此时球员 B 在球员 A 原先的位置。

5. 所有球员多次重复这一动作。

关键点

这一训练的节奏很快，可提供大量的触球机会。鼓励球员通过平稳、温柔地传球来使停球更容易。

相关训练

训练 39："再见"训练。

训练 41：绕圈收集训练。

训练 42："你好"训练。

训练 44：摇摆训练。

训练 48：二次触球训练。

训练 52：四角传球训练。

训练 45：旋转训练。

3 至 4 码

48 二次触球训练

目标

在没有防守压力下训练从移动传球者到固定目标的传球准确度和停球能力。

水平

初级、中级、高级。

器材

- 1 个足球。
- 4 个大号锥桶。

时间

10 分钟。

步骤

1. 球员分为 2 组分别站在大号锥桶 1 和 2 之间，如下页图所示。
2. 发出信号，球员 A 给球员 B 传球。传球之后，球员 A 转变线路并跑到球员 F 后面的位置。
3. 球员 B 使用一次触球来接住球员 A 传来的球，并且再次触球向前带球，然后将球传给球员 C。
4. 球员 B 继续跑动并占据球员 E 后面的一个位置。
5. 所有球员重复这一动作。

关键点

随着球员能力的提高，其比赛速度也将随之提高。至关重要的是，球员在角色转变过程中要快速接住球并将球踢出去。鼓励球员在接球时缓冲一下球。这样做可使球的距离很近，便于下一次触球。要求球员以适当的速度平稳地传球，这样有助于接球球员更有效地接住球。你可能希望在本次训练之外再进行一次比赛，将 2 个或 2 个以上的团队置于彼此相邻的位置，然后看看哪一队最先完成 20 次传球。

相关训练

训练 39："再见"训练。

训练 41：绕圈收集训练。

训练 42："你好"训练。

训练 44：摇摆训练。

训练 47：直线训练。

训练 52：四角传球训练。

训练 45：旋转训练。

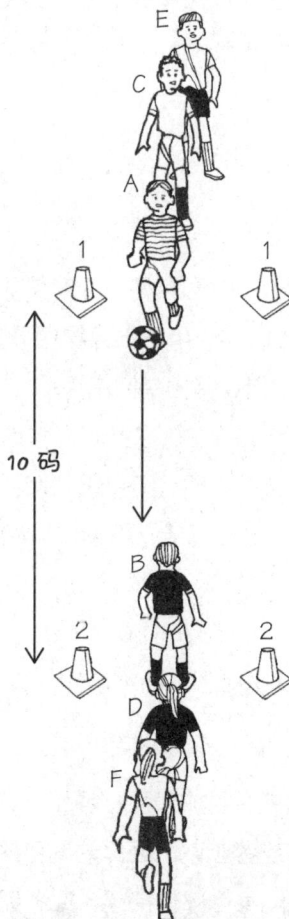

49 "返还发球者"训练

目标

在没有防守压力下训练从移动传球者到固定目标的传球准确度和停球能力。

水平

中级、高级。

器材

- 每 2 名球员 1 个足球。
- 4 个大号锥桶。
- 2 套球衣（1 套红色和 1 套绿色），每名球员 1 件球衣。

时间

10 分钟。

步骤

1. 将球员分散在 30 码 ×30 码的网格中（参见下页图）。
2. 一半球员穿红色球衣，另一半球员穿绿色球衣。
3. 穿绿色球衣的球员带球在网格中自由移动。
4. 绿色球衣球员靠近静止的红队球员时，将球传给红色球衣球员，接住传回来的球，再次穿过空间，然后将球传给另一位红队球员。
5. 绿色球衣球员继续移动并传球，持续 1 分钟时间，这样就可以给不同的球员传出尽可能多的球。
6. 球员交换角色。
7. 改变本次训练，让球员接到不同难度的传球。

关键点

本次训练对于初学球员来说更加顺利，静止的球员用手接住球，然后将球滚回给传球者时，此时的传球者应该已经移动到新的空间。随着球员的技术越来越熟练，就需要他用不同的身体部位接球，或者完成一次触球后传球。

相关训练

训练 36：淘汰赛。

训练 38：聚拢比赛。

训练 51：三人传球训练。

训练 40：两队传球挑战赛。

训练 55：三队传球训练。

50　搭档通路训练

目标

在没有防守压力下训练从移动传球者到移动目标的传球准确度。

水平

初级。

器材

- 每组搭档 1 个足球。
- 4 个大号锥桶。
- 12 个小号锥桶。

时间

10 分钟。

步骤

1. 让球员位于 30 码 ×30 码的网格中，如下页图所示。
2. 发出信号，带球的球员移动到一组锥桶占据的空间中。
3. 如果小号锥桶相距 2 码远，那么根据搭档所处的位置就需要他们在小号锥桶之间进行相互短传（例如，不超过 3 码）。然后，搭档移向一组新的锥桶。
4. 如果锥桶之间的距离是 10 码，那么根据搭档所处的位置就需要他们在小号锥桶之间进行长传。

关键点

这项活动非常有趣，可帮助球员训练良好的视觉习惯和沟通能力。重点强调的是要移动到未被其他搭档占据的开放空间。你可能还想根据本次训练进行一次比赛。看看哪一对搭档可以最先传过所有各组小号锥桶，或者在 3 分钟内可以通过几组锥桶。

50

搭档通路训练

相关训练

训练 35：搭档传球训练。

训练 37：穿针引线式训练。

训练 43：太空人训练。

训练 46：双锥训练。

训练 53：传运训练。

训练 54：首次触球训练。

51

三人传球训练

目标

在没有防守压力下训练队友之间的传球配合比赛。

水平

高级。

器材

- 每 3 名球员 1 个足球。
- 4 个大号锥桶。

时间

10 分钟。

步骤

1. 将 3 人一组的球员分散在 30 码 ×30 码的网格中，如下页图所示。

2. 发出信号，球员在整个网格中自由移动。

3. 球员在移动的过程中，观察小组中其他球员的位置。

4. 球员 A 带球，带球穿过开放空间，同时，小组中其他球员站好位置等待传球。

5. 其中一位无球球员 B 移动到距离带球者 3 至 5 码远的空间，以提供密切的支持。没有球的另一名球员 C 移动到距离球员 A 较远的位置，以留出足够的宽度或深度来等待传球。

6. 随着比赛的继续，将球员的角色交换。例如，如果球员 C 持球，那么球员 B 提供密切支持，球员 A 提供宽度支持。

关键点

在第一进攻者（带球的球员）、第二进攻者（靠近带球球员的队友）和第三进攻者（提供宽度和深度支持的队友）之间配合进行比赛的机会是无限的。

三人传球训练

鼓励球员进行创造性的配合比赛，同时使用良好的视觉方法，避免传球到封闭空间和移动到封闭空间。

相关训练

训练 36：淘汰赛。

训练 38：聚拢比赛。

训练 49："返还发球者"训练。

训练 40：两队传球挑战赛。

训练 55：三队传球训练。

52 四角传球训练

目标

在没有防守压力下训练从移动传球者到移动目标的传球准确度和停球能力。

水平

中级、高级。

器材

每5名球员1个足球和4个大号锥桶。

时间

5分钟。

步骤

1. 让4名球员位于10码×10码网格的各个角上（参见下页图）。

2. 球员E在球员A旁边的网格外边，准备在球员A离开时占据其空间。

3. 球员A移向球员B并向其传球，球员B在球员A到达两人之间的一半位置时开始移动。

4. 传给球员B之后，球员A继续移动并占据球员B的最初空间。

5. 球员B在移动过程中接球并传给球员C，球员C在球员B到达两人之间的中间位置时开始移动。

6. 球员在移动时继续这一训练动作，将球传给下一名球员，然后占据该球员在网格中的角落。

7. 随着传球能力的提高，让球员计算一下5分钟内绕着整个网格可以传多少次球。

关键点

传球者应该与接球球员进行眼神交流，而且应让他可以轻松地接住传球。

你可能会在本次训练中使用更多的球员，并将这些球员置于网格外的拐角旁。

52

四角传球训练

球员完成传球后，就会走到队尾处，而不是站在锥桶旁。

相关训练

训练 39："再见"训练。

训练 41：绕圈收集训练。

训练 42："你好"训练。

训练 44：摇摆训练。

训练 47：直线训练。

训练 48：二次触球训练。

训练 45：旋转训练。

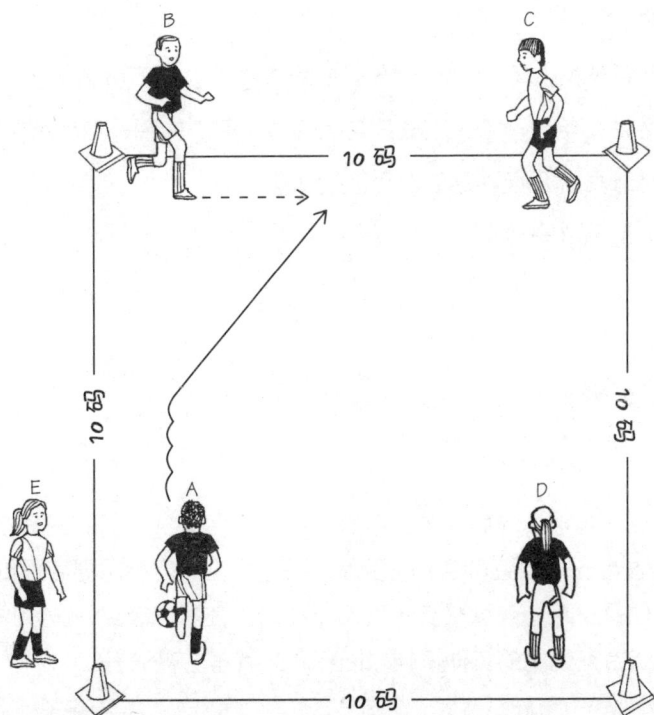

传带训练

目标

在没有防守压力下训练从移动传球者到移动目标的传球准确度和停球能力。

水平

中级、高级。

器材

每 2 名球员 1 个足球和 4 个大号锥桶。

时间

5 分钟。

步骤

第一级

1. 让两名球员位于 15 码 ×15 码的网格中（参见下页图）。

2. 球员 A 传给球员 B，球员 B 带入开放空间，转圈，然后再传给球员 A，此时球员 A 已经移动到其后面的新空间。

3. 球员重复这一动作。

第二级

1. 移掉锥桶。

2. 球员重复这一动作，同时在综合空间中移动。

关键点

本次训练需要球员向后传球。自身位于另一名球员身后的球员应说出"踢球"，表明他处于开放空间中。向后传球的球员应练习使用脚后跟传球并改变身体与球的位置关系，就像踏步转身动作那样。在第二级中，鼓励球员彼此交流，这样在综合空间中的其他搭档之间移动时就不会被分开。

相关训练

训练 35：搭档传球训练。

训练 50：搭档通路训练。

训练 37：穿针引线式训练。

训练 43：太空人训练。

训练 46：双锥训练。

训练 54：首次触球训练。

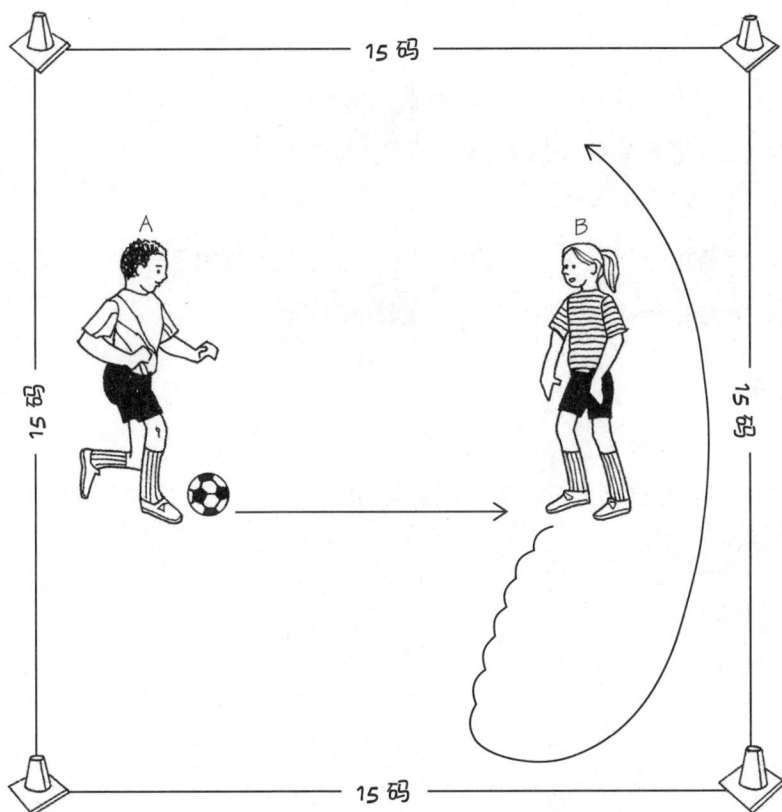

54 　首次触球训练

目标

在没有防守压力下训练从移动传球者到移动目标的传球准确度。

水平

高级。

器材

- 每 2 名球员 1 个足球。
- 4 个大号锥桶。

时间

5 分钟。

步骤

1. 球员成对分散在 20 码 ×20 码的网格中。

2. 每组搭档都有 1 个球（参见下页图）。

3. 发出信号，球员开始在网格中自由移动。

4. 带球的球员将球传给搭档，搭档必须在第一次触到球时就将球传回去。

5. 搭档继续移动，并且仅在一次触球后就传球。

关键点

球员必须使用良好的视觉方法观察空间并避开其他球员。最初，搭档之间的移动距离应不超过 4 码。球员熟练掌握首次触球传球后，两人间的距离就可以更远。

相关训练

训练 35：搭档传球训练。

训练 50：搭档通路训练。

训练 37：穿针引线式训练。

训练 43：太空人训练。

训练 46：双锥训练。

训练 53：传运训练。

20 码

20 码

20 码

20 码

55

三队传球训练

目标

在没有防守压力下训练传球准确度。

水平

中级、高级。

器材

- 3 个足球。
- 4 个大号锥桶。
- 12 件球衣（4 件红色、4 件蓝色、4 件绿色）。

时间

10 分钟。

步骤

1. 使用 4 个大号锥桶组成 30 码 ×30 码的网格。
2. 12 名球员分成 3 队（红队、蓝队和绿队）分散在网格中，每队 4 名球员（参见下页图）。每队中的一名球员带球。
3. 发出信号，球员在整个网格中移动并给队友传球。

关键点

鼓励球员移动到开放空间来为带球球员提供支持，并与队友进行交流。良好的视觉扫视可以使球员找到开放空间。本次训练的变化包括将每队球员进行编号，以便按顺序传球，这就需要球员在两个相同的对手之间传球（两个红队队员、两个蓝队队员），限制触球的次数（1 至 2 次），并且每队使用两个球。鼓励球员在移动时利用整个网格的宽度和深度。需要注意的是，球员在本次训练期间并不会进行防守。

三队传球训练

相关训练

训练 36：淘汰赛。

训练 38：聚拢比赛。

训练 51：三人传球训练。

训练 49："返还发球者"训练。

训练 40：两队传球挑战赛。

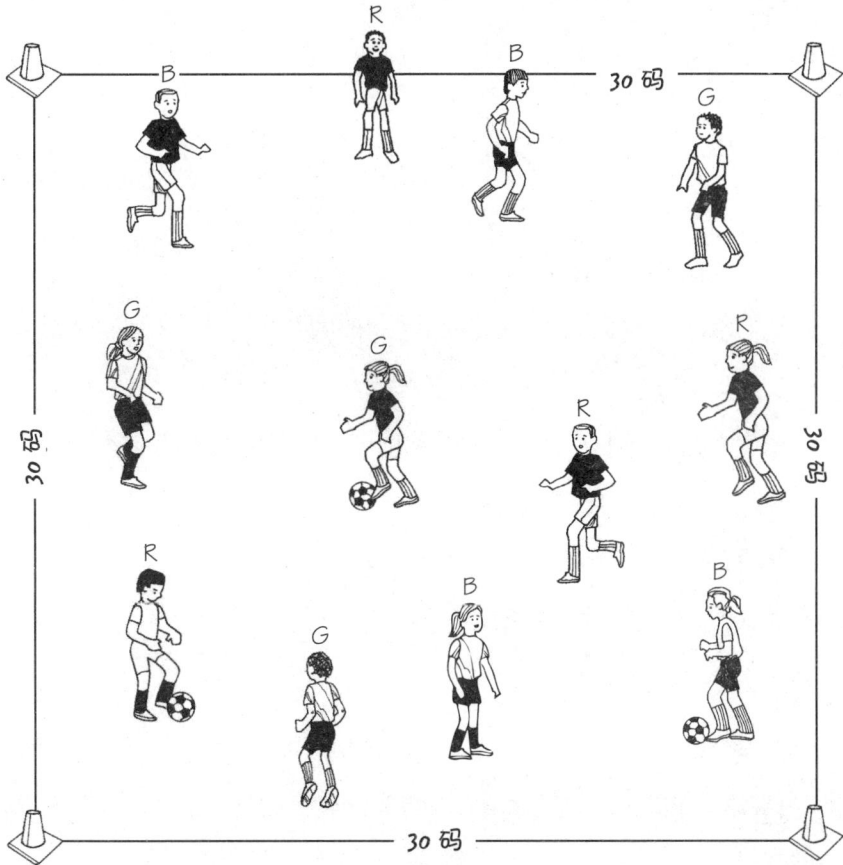

56 隐形人训练

目标

在轻微防守压力下训练传球和停球能力。

水平

中级、高级。

器材

每 3 名球员 1 个足球和 4 个大号锥桶。

时间

5 分钟。

步骤

1. 让 3 名球员位于 10 码 × 10 码的网格中。

2. 球员呈直线排列，球员 B 和球员 C 看向球员 A，球员 A 带球（参见下页图）。

3. 球员 B 是防守球员，可以横向移动，但不能向前或向后移动。

4. 球员 C 向左或向右移动都可以接到球员 A 的传球。

5. 然后，球员 B 面向球员 C，并且所有球员重复这一动作。

6. 多次循环之后，让球员交换角色。

关键点

增加一名防守球员（球员 B）来给传球者施加轻微的压力，因为防守球员遮挡了其视线。事实上，如果球员 C 没有移动到开放空间中，球员 A 几乎就看不到他。

相关训练

训练 57：星形训练。

训练 58："两边不讨好"训练。

训练 60：防守训练。

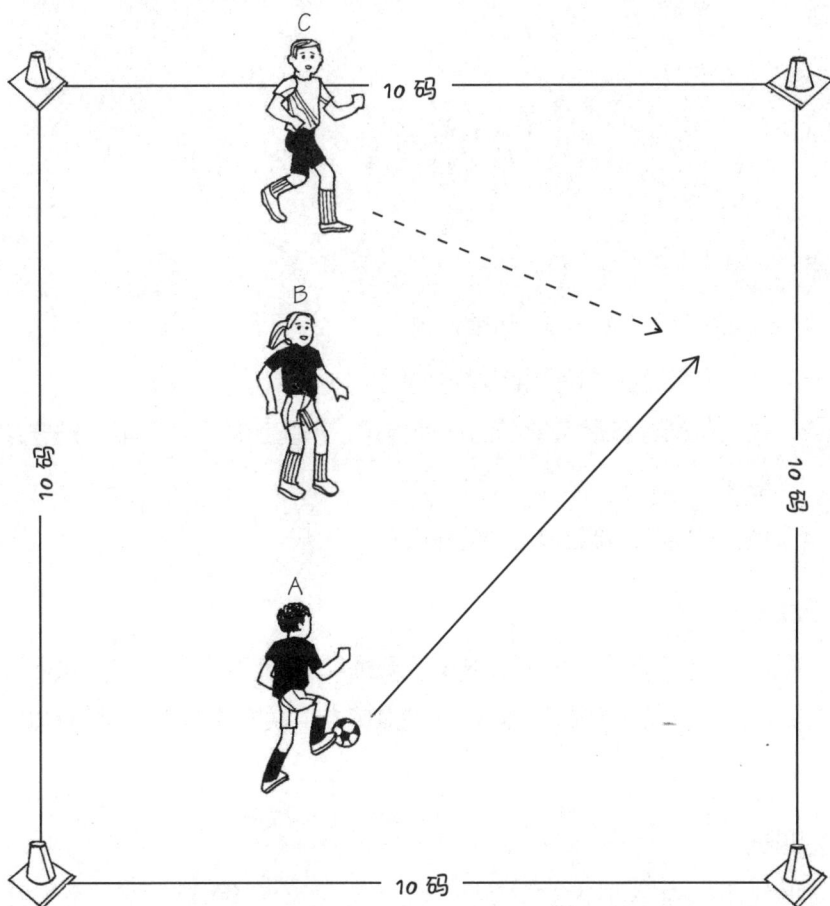

57   星形训练

目标

在轻微防守压力下训练传球和停球能力。

水平

中级、高级。

器材

每 6 名球员 1 个足球。

时间

5 分钟。

步骤

1. 让 5 名球员形成一个星形的 5 个角。

2. 让 1 名防守球员位于星形的中间。

3. 球员尝试进行尽可能多的连续传球，不能丢球，也不能让防守球员触球。

4. 球员不能将球传给其旁边的球员。

关键点

这是一个 5v1 训练，其中的进攻球员拥有很大的优势。初学球员需要这种优势，这样就有足够的时间停球、向四周观察并决定向哪个位置传球以及如何传球。

相关训练

训练 56：隐形人训练。

训练 58："两边不讨好"训练。

训练 60：防守训练。

58 "两边不讨好"训练

目标

在轻微防守压力下训练传球和停球能力，并练习不带球时的移动以及做出关于使用开放空间和封闭空间的决定。

水平

初级、中级。

器材

每4名球员1个足球和4个大号锥桶。

时间

10分钟。

步骤

1. 使用4个锥桶形成10码×10码的网格。3名球员站在其中3个大号锥桶的旁边。
2. 第4名球员站在中间，并且亲切地称其为"猴子"（参见下页图）。
3. 这是3对1的比赛。
4. 周边上的球员不能跨过方格的中间传球。这种限制迫使球员不断地移动来保持良好的位置，这样传球者就可以始终有两条传球线路以供选择。
5. 如果大号锥桶1旁边的球员带球，那么另2名球员就要移动到大号锥桶2和大号锥桶4旁边的空间。
6. 如果中间的球员（防守球员）封闭了大号锥桶1和2之间的空间，那么就要将球传给大号锥桶4旁边的球员。
7. 然后，接球的球员移向大号锥桶1和大号锥桶3。
8. 由于1名球员已经占用了大号锥桶1，所以大号锥桶2旁边的球员移向大号锥桶3来支持传球者。
9. 防守球员不可能同时封闭两个传球线路。
10. 防守球员通过触球或迫使对方在传球或停球中出现错误才能获胜。

关键点

周边的球员必须接球、向四周观察，然后决定传球选择。他们还必须就空间彼此进行交流。本次训练的变化包括限制触球的次数，允许使球员通过对角线跑到空间中，以及允许带球进入空间。

相关训练

训练 56：隐形人训练。

训练 57：星形训练。

训练 60：防守训练。

59 长球训练

目标

在轻微防守压力下训练长传和短传能力。

水平

高级。

器材

- 2 个足球。
- 2 件混战球衣。
- 16 个大号锥桶。

时间

15 分钟。

步骤

1. 让球员位于 4 个网格中，如下页图所示。

2. 发出信号，网格 1 和网格 3 中的球员进行 5v1 防守赛。持有训练球衣的球员是防守球员。

3. 在网格 1 和网格 3 中进行 4 次传球后，停球的球员必须将球传到只有 1 名球员占用的网格中（网格 2 或网格 4）。所有球员跟着球到达下一个网格，但传球的球员除外。

4. 如果防守球员（持有训练球衣的球员）在第 5 次传球之前可以抢到球或者造成球在网格外部，就可以将自己的训练球衣递给犯错的球员（他现在是新的防守球员），并成为传球团队的一员。传球者变成防守球员后，训练再次开始；传球者需要进行 4 次连续传球，然后才能进行传球并移动到另一个网格。

关键点

鼓励球员在网格中传球时利用短传，这样易于接球，在网格外传球时使用长传，这样可以提高准确度。要求球员首先要仔细观察，然后再决定进入哪个网格。如果进行 4 个连续传球对于球员来说难度大了点，可减少进入下一个网格所需的传球次数或者加大网格的大小。如果球员觉得训练难度不高，可以缩小网格的大小或再增加 1 名防守球员。

相关训练

训练 61：三队防守赛。

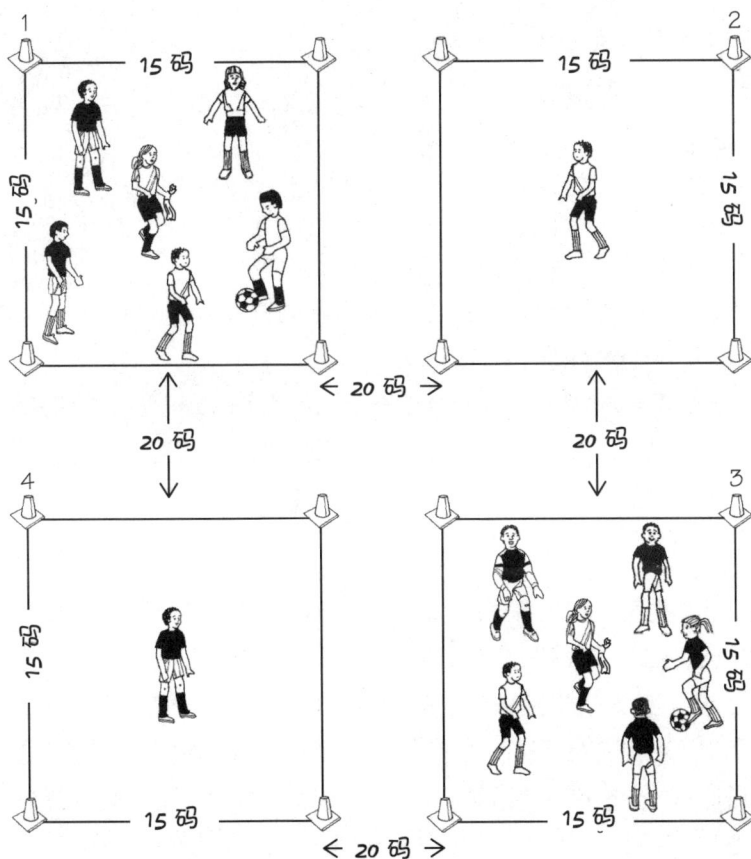

60 防守训练

目标

训练第二进攻者所使用的方法和策略。

水平

中级、高级。

器材

- 1 个足球。
- 4 个大号锥桶。
- 1 件红色球衣。

时间

10 分钟。

步骤

1. 使用 4 个大号锥桶组成 20 码 × 20 码的网格。
2. 将 3 名球员置于网格内——其中 2 名为进攻球员，穿红色球衣的球员为防守球员（参见下页图）。
3. 发出信号，2 名进攻球员尝试在穿红色球衣球员的防守下持续带球。
4. 1 分钟后，或者防守球员获得了球权，或者造成球在网格外，让球员交换角色。

关键点

最初，作为第二进攻者角色的球员要远离球，尝试移动到尽可能远离防守球员的位置。告诉球员可提供近距离支援（第二进攻者的角色）的位置，这样就可以让球员与第一进攻者联起手来迷惑防守球员。鼓励使用撞墙式传球、交叉掩护和交叉跑位。对于撞墙式传球，第二进攻者接到短传后，立即在防守球员身后进行另一个短传并靠近第一进攻者，接到球，然后继续跑。进行交叉掩护时，第二进攻者在后面跑并靠近第一个进攻者，接到球，然后继续跑。在交叉跑位中，第二进攻者在第一进攻者后面跑，并以足够接到传球的大角度沿曲线向前跑。

　　本次训练的变化包括在网格外增加一名发球员，通过发地面球或高球，或者通过掷界外球来开始行动。你还可以通过限制进攻球员的触球次数来改变这一训练（例如，两次触球）。或者可以增加更多的要求，例如让 2 名进攻球员在一定的时间限制（例如，20 秒）内将球从一个端线移动到另一个端线。

相关训练

　　训练 56：隐形人训练。

　　训练 57：星形训练。

　　训练 58："两边不讨好"训练。

61 三队防守赛

目标

在轻微防守压力下训练传球准确度。

水平

高级。

器材

- 1个足球。
- 4个大号锥桶。
- 9件球衣（3件红色、3件黄色、3件蓝色）。

时间

10分钟。

步骤

1. 使用4个大号锥桶组成一个30码×30码的方形。

2. 将9名球员分成3队，每队3人，每队的球员都穿同样颜色的球衣（参见下页图）。

3. 红色球衣球员和蓝色球衣球员开始相互传球，同时使球远离黄色球衣球员。每次给红色球衣球员或蓝色球衣球员成功传球之后就可以得1分。黄色球衣球员负责防守，试图重新得到球权。

4. 如果黄色球衣球员得到球或者球到了网格外，此刻犯错的一队必须进行防守并罚1分。

5. 如果红队在防守，那么黄色球衣球员和蓝色球衣球员联合起来使球远离红色球衣球员。每次成功传球给黄色球衣球员或蓝色球衣球员就可以得1分。

6. 每次团队必须进行防守时，就会被罚1分。

7. 10 分钟结束时，得分最多的团队就宣布为获胜者。

8. 重复这项活动：两个团队传球，同时使第三个团队远离球。

关键点

这项活动可为带球的两队提供人数优势（更多球员）。这项优势增大了球员之间传球时的可能性。为了帮助球员更加成功地让球远离对手，鼓励球员使用良好的视觉扫视方法。这会帮助球员观察开放空间中自己可能要给哪名球员传球。需要重点强调的是，无球球员移动到开放空间会产生传球机会。鼓励第二进攻者（最靠近带球球员的队友）提供近距离支援，第三进攻者（不是第一进攻者和第二进攻者的所有队友）提供宽度、深度和移动性支持。

相关训练

训练 59：长球训练。

62 锥桶训练

目标

在有比赛防守压力下训练传球和收球能力。

水平

中级、高级。

器材

每 6 名球员 1 个足球和 5 个大号锥桶。

时间

10 分钟。

步骤

1. 在 15 码 × 15 码网格的每条边上都安排 1 名球员。

2. 这些球员中的 1 位持球。

3. 在网格的中心放 1 个大号锥桶。

4. 2 名球员位于网格内（参见下页图）。1 名是进攻球员，另一名是防守球员。

5. 进攻球员必须绕着大号锥桶跑一周，并全速跑向带球的球员。

6. 如果进攻球员位于开放空间中，带球的球员就将球传给进攻球员。

7. 如果防守球员封闭了空间，那么传球者转而将球传向网格上的另一名球员。

8. 进攻球员重复动作，绕着锥桶跑向重新带球的球员。

9. 进攻球员每次接到球后就将球返还传球者，随后，传球者将球传给网格边界上的另一名球员。

关键点

要求球员计算进攻球员 1 分钟内接到的传球次数。传球者必须将球平稳地传给进攻球员，以便他接球。防守球员尽最大努力封闭进攻球员和传球者之间的空间。对于更为熟练的球员，通过让球员以不同的速度发球来增加难度。

相关训练

训练 63：远离 - 靠近训练。

训练 64：1v1 训练。

训练 65：2v2 防范训练。

训练 67：3v2 直线比赛。

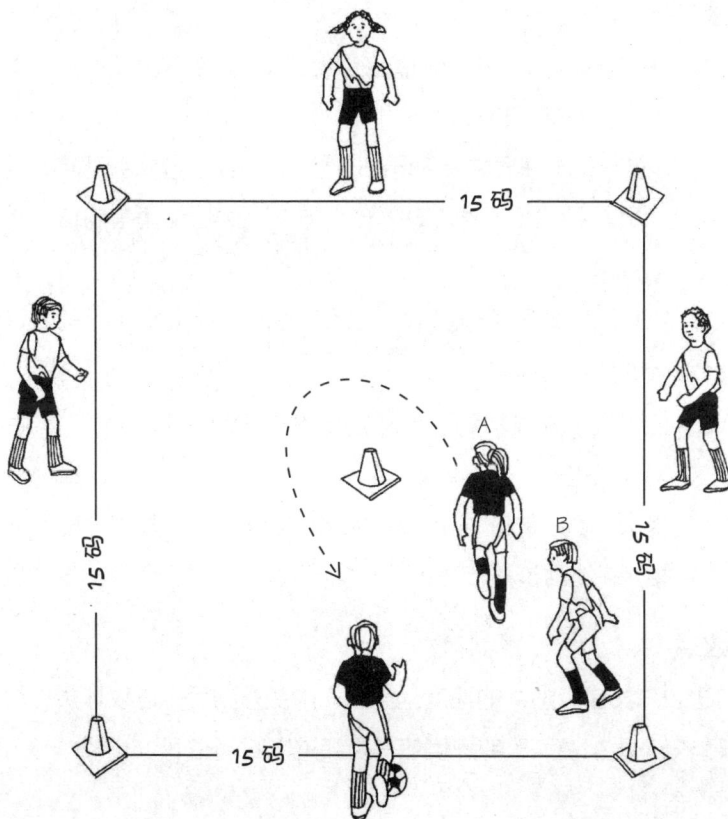

63 远离 – 靠近训练

目标

在有比赛防守压力下训练传球和停球能力。

水平

中级、高级。

器材

每 6 名球员 1 个足球和 4 个大号锥桶。

时间

10 分钟。

步骤

1. 在 15 码 × 15 码网格的每条边上都安排 1 名球员。

2. 其中 1 名球员持球。

3. 2 名球员（球员 A 和球员 B）位于网格内（参见下页图）。

4. 球员 A 跑离（远离）球，改变方向，然后全速跑向球（靠近）以便接到传球。

5. 如果防守球员（球员 B）封闭了空间，那么传球者就要将球传给网格上的另一名球员。

6. 如果进攻球员接到了传球，要保护该球 5 至 10 秒，然后将球传回给网格上的任何一个人。

7. 要求球员在防守球员未触到球的情况下，计算 1 分钟内进攻球员可以接到多少次连续传球。

关键点

进攻球员应以适中的速度远离球。改变方向后，进攻球员应加速跑向球。对于防守球员来说，改变速度使其更加难以封闭空间。

远离 – 靠近训练

相关训练

训练 62：锥桶训练。

训练 64：1v1 训练。

训练 65：2v2 防范训练。

训练 67：3v2 直线比赛。

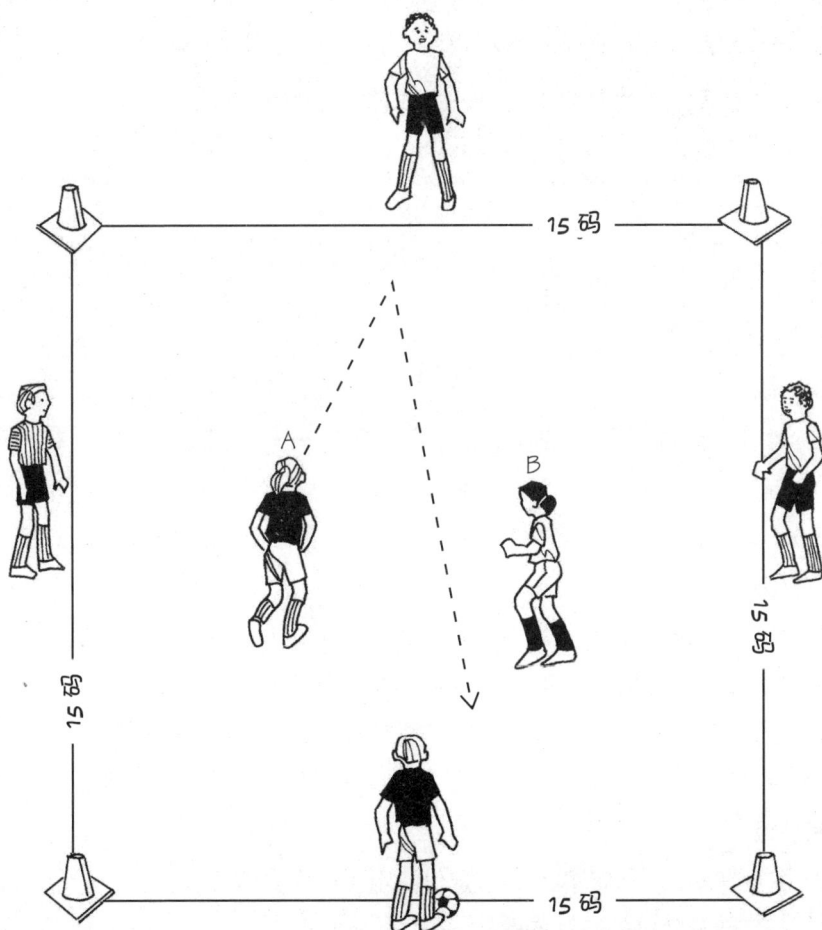

64 1v1 训练

目标

在有比赛防守压力下训练传球选择的决策能力。

水平

中级、高级。

器材

- 1 个足球。
- 防守球员的 1 件球衣。
- 中立球员的 2 件球衣（与防守球员球衣的颜色不同）。
- 每 4 名球员 4 个大号锥桶。

时间

10 分钟。

步骤

第一级

1. 让 4 名球员位于 15 码 ×15 码的网格中——1 名进攻球员、1 名防守球员，以及 2 名中立球员（参见下页图）。
2. 进攻球员将球传给其中 1 名中立球员，然后移动到开放空间并接回传球。
3. 所有球员都尝试进行尽可能多的连续传球。
4. 如果防守球员得到了球，那么他就变成了进攻球员。
5. 控球 1 分钟之后，让中立球员与进攻球员和防守球员变换角色。

第二级

1. 按照第一级的步骤执行，但是仅使用 1 名中立球员。
2. 运用两次触球的限制条件。

关键点

球员必须快速改变速度和方向来创造传球空间。本次训练的变化包括增加球员，使训练变成 2v2 或 3v3。增加球门可鼓励球员练习射门技能。中立球员可能不会受到防守。

相关训练

训练 62：锥桶训练。

训练 63：远离 – 靠近训练。

训练 60：2v2 防范训练。

训练 67：3v2 直线比赛。

65   2v2 防范训练

目标

训练第二进攻者所使用的方法和策略。

水平

中级、高级。

器材

- 1 个足球。
- 4 个大号锥桶。
- 4 件球衣（2 件蓝色、2 件红色）。

时间

10 分钟。

步骤

1. 使 4 个大号锥桶组成 20 码 ×20 码的网格。
2. 4 名球员位于网格中，2 名穿红色球衣，2 名穿蓝色球衣（参见下页图）。
3. 发出信号，2 名进攻球员尝试使球远离两位防守球员。
4. 1 分钟后，如果防守球员得到了球，或者造成球在网格外，就交换角色。

关键点

　　鼓励进攻球员通过第二进攻者创造性的移动来迷惑防守球员，第二进攻者可以提供机会进行撞墙式传球、交叉掩护和交叉跑位。可以改变本次训练，要求控球的团队在一定的时间限制（例如，30 秒）内从网格的一端移到另一端。本次训练还会培养第一防守者（防守带球的球员，拒绝渗透）和第二防守者（对靠近带球球员的进攻球员进行防守，从而为第一防守者提供跑动空间）的技能。本次训练既可以用作进攻指导工具，也可以用作防守指导工具，但是不要同时评论进攻和防守两个方面，以免球员感到困惑。

65

2v2 防范训练

相关训练

训练 62：锥桶训练。

训练 63：远离 - 靠近训练。

训练 64：1v1 训练。

训练 67：3v2 直线比赛。

66 两队友传球比赛

目标

训练第二进攻者所使用的方法和策略。

水平

中级、高级。

器材

- 1 个足球。
- 4 个大号锥桶。
- 12 件球衣（6 件红色、6 件蓝色）。

时间

20 分钟。

步骤

1. 使用 4 个锥桶组成 20 码 ×30 码的网格。

2. 在网格内，安排 2 名红队球员和两队蓝队球员。其中一队开始持球。

3. 在网格的每条 20 码端线和每条 30 码的边上安排 1 名红队球员和 1 名蓝队球员（参见下页图）。

4. 发出信号，控球的球员尝试将球传给网格任意一端的队友。

5. 该网格一端的球员将球传回到网格内的队友。

6. 然后，网格内的队友将球传给对边一端的队友。

7. 每次传给一端的球员，然后再传给另一名球员并保持球权，该团队就可得 1 分。

8. 3 分钟后，网格内的球员轮换到网格边上，边上的球员转至另一端，而另一端的球员轮换到网格的里边。

9. 所有球员重复这一活动。

两队友传球比赛

66

关键点

这是一次传球训练，所以限制球员只能触球三次。鼓励网格内的球员通过传切技术将球快速传给其边上的队友。此外，提醒网格内的第二进攻者与第一进攻者（带球的球员）联合起来突破防守。讨论第二进攻者的位置和移动。第二进攻者应与使用短传的第一进攻者密切协作，但是又要离得足够远，这样一名防守球员就无法成功防守两名球员。提醒球员此类合作可使用有创意的方法，例如撞墙式传球、交叉掩护和交叉跑位。边线和端线球员不会防守对方。

相关训练

训练 68：两队防范比赛。

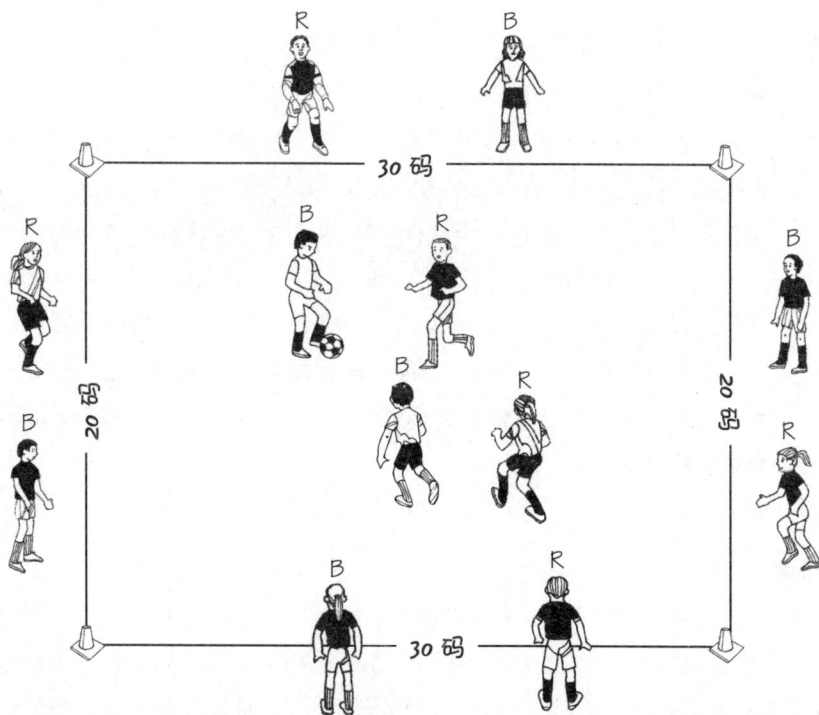

143

67　3v2 直线比赛

目标

训练第三进攻者所使用的方法和策略。

水平

中级、高级。

器材

- 1 个足球。
- 4 个大号锥桶。
- 6 件球衣（3 件红色、3 件蓝色）。

时间

10 分钟。

步骤

1. 使用 4 个大号锥桶组成 20 码 ×40 码的网格。
2. 在网格内安排 3 名进攻球员（红队）和 2 名防守球员（蓝队）。第三位蓝队球员位于网格外侧边 2 的旁边（参见下页图）。
3. 发出信号，3 名红队球员尝试保持控球，同时将球从网格的侧边 1 移动到侧边 2。如果跨过了侧边 2 上的线，就会获得 1 分。
4. 如果红队的球员成功了，或者如果丢失了球权，那么其中 1 名球员必须走到网格外的侧边 1 旁边。然后，第 3 名蓝队球员从侧边 2 进入网格。现在，蓝队尝试将球从侧边 2 移到侧边 1。如果跨过了侧边 1 上的线，就会获得 1 分。
5. 继续比赛，其中 1 个球队获得 10 分时比赛结束。

关键点

本次训练使球员能够培养第三进攻者的技能，第三进攻者负责在防守球员后面创造出停球空间。鼓励没有受到防守的球员拓宽空间、利用曲线跑来吸引防守球员的注意并造成混乱。首先可限制进攻球员的触球次数，这会迫使他们减少带球，进行更多的传球。

3v2 直线比赛

67

相关训练

训练 62：锥桶训练。

训练 63：远离 – 靠近训练。

训练 64：1v1 训练。

训练 65：2v2 防范训练。

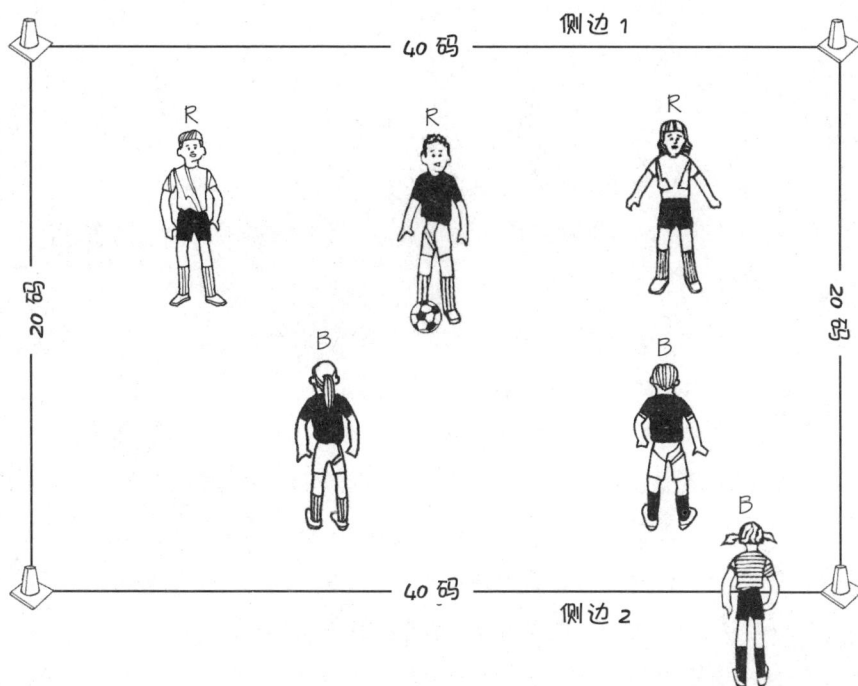

68 两队防范比赛

目标

在有比赛防守压力下训练传球准确度。

水平

中级、高级。

器材

- 1 个足球。
- 6 个大号锥桶。
- 8 件球衣（4 件蓝色、4 件红色）。

时间

10 分钟。

步骤

1. 使用 6 个大号锥桶并排形成两个 20 码 ×20 码的网格。

2. 4 名蓝队球员分散在网格 1 内。其中 1 名球员带球（参见下页图）。

3. 4 名红队球员分散在网格 2 内。

4. 发出信号，蓝队尝试连续进行尽可能多的传球。蓝队每次连续进行 5 次传球就会获得 1 分。

5. 发出信号开始比赛后，红队将两名球员（防守球员）进入网格 1 中。

6. 如果红队球员触到了球或者造成球在网格外，那么红队就获得了球权。

7. 然后，允许最靠近球的红队防守球员将球任意传给网格 2 内的队友。蓝队球员必须停下，直至球到达网格 2 中，此时蓝队球员可以在网格 2 中进入两位防守球员，尝试阻止红队连续传球。

8. 球员重复这一过程。

9. 最先获得 5 分的球队宣布为获胜者。

关键点

这是使用传球技术的一次战术（决策制定）练习。鼓励球员使用视觉、交流和移动使球远离对手。重点强调在整个网格内分开球员的重要性。最初将带球限制为三次触球。随着球员能力的提高，增加不许带球的规则。

相关训练

训练 66：两队友传球比赛。

第 4 章

头球训练

头球是控制传球或者进行射门的方法，而且常常被视作是最难掌握的足球技能之一。关于何时开始讲授头球，在教练和医务人员之间存在一些争议。不管对这一问题的争议如何，一旦开始了这个过程，就可以将某些步骤付诸行动，尽力确保球员在最安全的学习环境中进行头球训练。使用适合球员发展过程和年龄的器材，并且由裁判人员实施严格的头球规定，这些因素都有助于球员处于一个更安全的学习环境。

球员开始学习如何用头顶球时，通常在面对球时会害怕被球击中。讲授头球技能时，可以通过使用海绵球来解决这一问题。在某些情况下，可能有必要使用较大较轻的球（例如，沙滩球）来减轻球员的恐惧感。头球的教学进度如下所示。

1. 没有防守压力，轻轻从膝盖处将球颠向自己的头顶。

2. 站立并将球掷向自己的头顶。

3. 站立并由搭档掷球。

4. 在轻微防守压力下用头顶球。

5. 在比赛防守压力下用头顶球。

开始学习头球时可让球员屈膝，确保下肢保持适当的平衡。球员使用头部（通常指的是前额）顶球时，要求球员一直睁开眼并对球进行观察。在球员屈膝并睁开眼且闭着嘴的时候，鼓励球员集中关注其上半身的活动。开始觉得用头顶球较舒服的时候，球员就可以使用站立姿势。在这一阶段中，球员开始了解下肢对头球的作用。

在头球学习的下一步骤中，搭档在静止不动时相互掷球，然后在移动中相互掷球。重点强调的是，在这个阶段要使身体低于球的高度。当球员的自信心越来越高时，让其通过单脚起跳并用头顶球。在这一过程中，鼓励球员一直闭着嘴，以免舌头受伤，还要使眼睛保持睁开状态，这样就可以跟踪球的路径。跟踪球的路径可以使球员更有意地顶球，而不是让球击到自己，这将有助于在稍后的学习中将球顶向队友或球门。球的预期路径决定了球员要在球的哪个部位用力，以及其他身体部位应该产生多大的力。例如，一位想用头将球顶向地面的球员要用前额向下的动作顶球。为了让球向上飞，球员要用前额顶球的底部。为了让球向右飞，球员可以在球到达之前调整其身体，然后将球顶向右方。

球员应对球施加多大的力取决于接触球之后球必须经过的距离。球员弯腰、头用力并使肩膀向前就可以产生力量。

球的位置与球员以及球员在球场上所在位置的关系，也是决定选择适当头球方法的因素。赛场上后场的球员通常会顶出高球和远球，使球远离球门。中场的球员顶球时应更准确一些，因为他们常常会将球顶向正在进攻的队友。前场的球员使用头球技能主要是为了创造得分机会。对这些球员来说，球的位置才是至关重要的，而不是力量。

要求球员在有轻微防守压力下和有比赛防守压力下进行头球训练。不断改进头球技能是增加应对更多比赛变化以及实现预期比赛的步骤。

69 "掷向自我" 头球训练

目标

在没有防守压力下训练用前额部位（称为发际线）顶球的技能。

水平

入门、初级。

器材

每名球员 1 个泡沫球或沙滩球。

时间

5 分钟。

步骤

第一级

1. 呈分散阵型安置球员。

2. 球员应屈膝，每人 1 个球。球员将球掷向略高于其头部的上方，用头轻轻顶球，然后在球落地前抓住球。

3. 球员多次重复这一动作。

第二级

球员掌握正确的头球技巧后，让其在站立期间重复第一级中的步骤。

关键点

向球员指出发际线的位置。重点强调的是，要移动头部来顶球，而不仅仅是将头部固定不动并让球击中头。坚持让球员在顶球时保持眼睛张开且闭上嘴。这在稍后使用更难的球时会保护其舌头不会被咬伤。在第二级中，鼓励球员实现稳固的支撑基础，稍微屈膝，并使双脚之间的距离略宽于肩膀的宽度。

相关训练

　　训练 70：搭档头球训练。

　　训练 71：滑动头球训练。

70　搭档头球训练

目标

在没有防守压力下训练正确的头球方法。

水平

入门、初级。

器材

- 每 2 名球员 1 个泡沫球、海绵球或者沙滩球。
- 4 个大号锥桶。

时间

5 分钟。

步骤

第一级

1. 让球员位于 30 码 ×30 码的网格中（参见下页图）。
2. 每对球员有 1 个球。
3. 带球的球员将球掷向自己，并用头将球顶向其搭档，搭档接球、掷球，然后再将球顶回来。

第二级

1. 在这一级的训练中，球员之间应相距约 5 码。
2. 球员不要将球掷向自己，而是掷向其搭档，其搭档再通过头球将球顶回来。
3. 随着掷球和头球技能的提高，逐渐增加搭档之间的距离。

第三级

1. 其中一名搭档将球掷向另一名移动中的搭档。移动中的搭档通过头球将球顶回来。
2. 移动中的搭档应改变方向——向前、向后、向左和向右。

关键点

搭档应选择其感觉最舒服的一种球。指导球员通过向后弯腰，然后再向前推来接触球，从而产生更大的力量。球员应屈膝并伸出手臂来提高平衡性。

相关训练

训练 69："掷向自我"头球训练。

训练 71：滑动头球训练。

71 滑动头球训练

目标

在没有防守压力下训练移动期间的头球方法。

水平

中级、高级。

器材

- 1 个足球。
- 4 个大号锥桶。

时间

5 分钟。

步骤

1. 在 5 码 ×20 码的网格中，将 2 名球员位于相对的两边，如下页图所示。

2. 球员 A 从大号锥桶 1 移动到大号锥桶 2，同时球员 B 从大号锥桶 3 移动到大号锥桶 4。

3. 移动期间，球员 B 将球掷向球员 A，球员 A 通过头球将球顶回来。

4. 球员到达网格的尽头时，交换角色。

关键点

在移动中使用头球对球员来说很难掌握，但这也是比赛的一个重要组成部分。鼓励球员用前额的上部顶球，从而控制球的方向。要求球员一直保持眼睛睁开并看着移动中的球，直到头部顶到球。

相关训练

训练 69："掷向自我"头球训练。

训练 70：搭档头球训练。

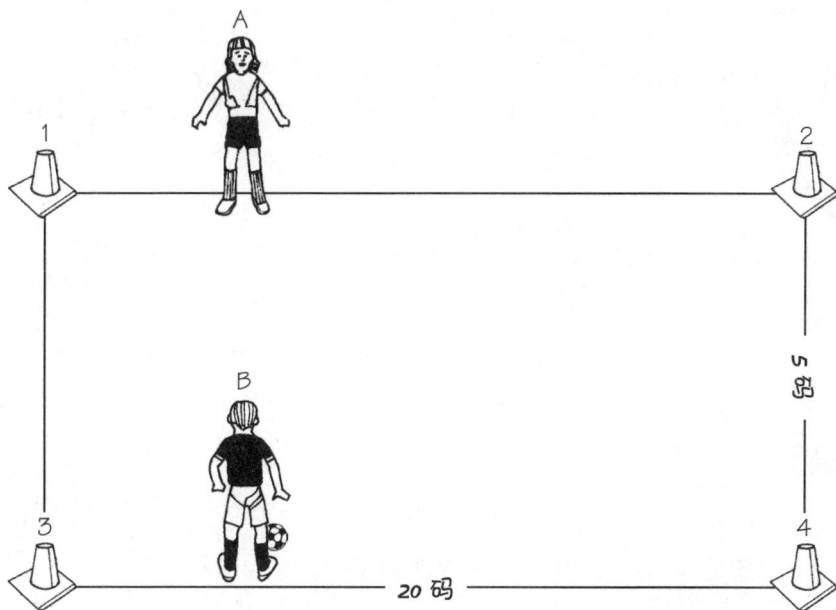

72　短头球和长头球训练

目标

没有防守压力下训练使用头球时的力量关系。

水平

中级、高级。

器材

每3名球员2个足球和4个大号锥桶。

时间

5分钟。

步骤

第一级

1. 让3名球员位于10码×10码的网格中。

2. 球员B和球员C各持1个球（参见下页图）。

3. 球员B距球员A的距离是5码，而球员C距球员A的距离是10码。
   球员B将球掷向球员A，球员A通过头球将球顶回给球员B。然后，
   球员C将自己的球掷向球员A，然后球员A重复头球顶回动作。

第二级

1. 第一次掷球之后，只能使用头球技能来传球。

2. 球员B将球掷向球员A。

3. 球员A用头将球顶向球员C。

4. 球员C用头将球顶向球员A，球员A通过头球将球顶给球员B。

5. 所有球员重复这一动作。

关键点

　　球员需要学习如何使用不同的力量来将球顶出不同的距离。需要强调的是，用头顶球的速度是产生这一力量的主要因素。球员可以通过弯腰并使上半身前倾来提高头部的速度。鼓励球员移动自己的双脚，以进入有利的顶球位置。

相关训练

　　训练 74：星形头球训练。

　　训练 75：三角头球训练。

73 两队头球训练

目标

在没有防守压力下训练使用头球技能的传球准确度。

水平

高级。

器材

- 2 个足球。
- 16 个大号锥桶。

时间

10 分钟。

步骤

1. 球员分成 2 队，每队 4 人，按照下页图所示的方式安排位置。

2. 发出信号，每队的第 1 名球员将球掷向网格 1 中的球员。例如，球员 A 将球掷向球员 B。球员 B 用头将球顶回给球员 A。

3. 然后，球员 A 将球掷向球员 C，球员 C 再用头将球顶回给球员 A。

4. 之后球员 A 将球掷向球员 D，球员 D 再用头将球顶回给球员 A。

5. 如果每个人都成功了，那么球员 A 移动到网格 1 中，球员 B 移动到网格 2 中，球员 C 移动到网格 3 中，球员 D 在网格前面替换球员 A。

6. 如果在这一动作期间球员没有将球顶回给掷球者，那么球就可能会飘在空中，掷球者必须再次尝试给该球员掷 1 个球。3 次尝试未成功，掷球者转向下 1 名球员。

7. 比赛继续进行，直至所有球员转回到自己的起始位置。第一个返回起始位置的团队宣布为获胜者。

关键点

　　使网格的宽度大约为 10 码，长度大约为 5 码。10 码宽的网格可为球员提供充足的空间来训练头球技能。网格仅为 5 码长可缩短掷球的距离，这应该有助于提高掷球的准确度。这还可以缩短球员将球顶回时的距离。球员需要用头顶球的距离较长时，要求球员弯下腰，并让头部和肩膀前倾来顶球。这一动作可产生更多的力量并将球顶向较远的距离。

相关训练

　　无。

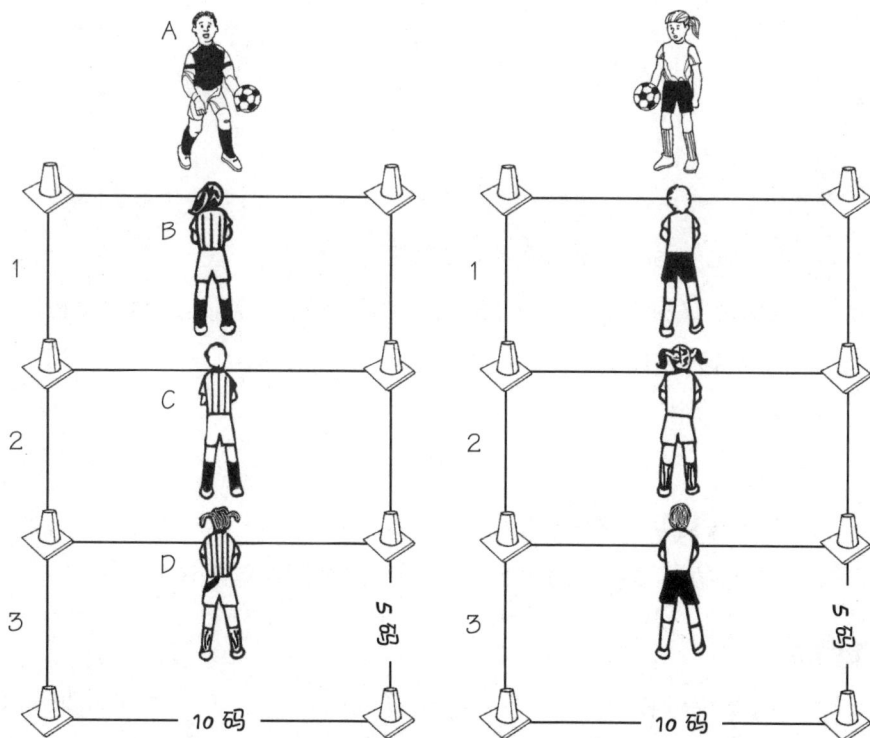

74

星形头球训练

目标

提高可改变球向的头球技能，在第一级中没有防守压力，但在第二级中有轻微防守压力。

水平

中级、高级。

器材

每 5 名球员 1 个足球和 1 个大号锥桶。

时间

5 分钟。

步骤

第一级

1. 让球员形成 1 个星形，球员相距 7 至 10 码。每名球员 1 个球。

2. 在星形的中间放 1 个锥桶（参见下页图）。

3. 带球的球员叫出另一名球员的名字，该球员必须绕着大号锥桶跑，并将掷来的球用头顶向另一名球员。

4. 所有球员继续这一动作。

第二级

1. 球员重复第一级中第 1 至 4 步。

2. 在星形的中间位置增加 1 名球员，以增加轻微的防守压力。

关键点

鼓励球员跳起来顶球。坚持让球员用头向前、向后、向左和向右顶球。防守球员应处于被动状态，且不能奋起迎接空中的球。

相关训练

训练 72：短头球和长头球训练。

训练 75：三角头球训练。

75 三角头球训练

目标

提高可改变球向的头球技能，在第一级中没有防守压力，在第 2 级中有轻微防守压力。

水平

中级、高级。

器材

每 3 名球员 1 个足球和 4 个大号锥桶。

时间

5 分钟。

步骤

第一级

1. 让 3 名球员位于 10 码 × 10 码网格的各个拐角处（参见下页图）。
2. 球员 A 将球掷向球员 B。
3. 球员 B 用头将球顶向球员 C，球员 C 已经移动到网格中无人的拐角处。
4. 球员 A 掷球之后，移动到球员 C 最初占据的拐角处。
5. 球员 C 将球掷向球员 A，球员 A 用头将球顶向移动的球员 B，球员 B 已经移动到球员 A 最初占据的拐角处。
6. 所有球员多次重复这一循环动作。

第二级

1. 球员重复第一级中的第 1 至 5 步。
2. 在网格外增加防守球员。

关键点

重点强调的是，球员应用头将球顶向自己稍微靠前一点的位置来引导其队友，用脚传球时也是如此。在网格外增加防守球员可使球员掷球和用头传球时更加精准。防守球员不能出现在网格里边，而且可以稍微参与头球的争顶。

相关训练

训练 72：短头球和长头球训练。

训练 74：星形头球训练。

76 魔术箱训练

目标

在轻微防守压力下提高头球技能。

水平

高级。

器材

每 3 名球员 1 个足球和 2 个大号锥桶。

时间

5 分钟。

步骤

1. 让 3 名球员站在一条直线上。

2. 球员 A 和球员 C 之间相距约 10 码；球员 B 站在 2 人的中间（参见下页图）。

3. 球员 A 越过球员 B 将球掷向球员 C，球员 C 通过头球将球顶回。

4. 所有球员多次重复，然后交换角色。

关键点

球员 B 通过阻挡球员 C 的视线来增加轻微的防守压力。要想增加更多的防守压力，让球员 B 在球掷出后跳起。随着球员技能的提高，缩短球员 B 和球员 C 之间的距离，并增大球员 A 和球员 C 之间的距离。大号锥桶有助于提供适当的间隔，这样球员就不会离得太远。

相关训练

无。

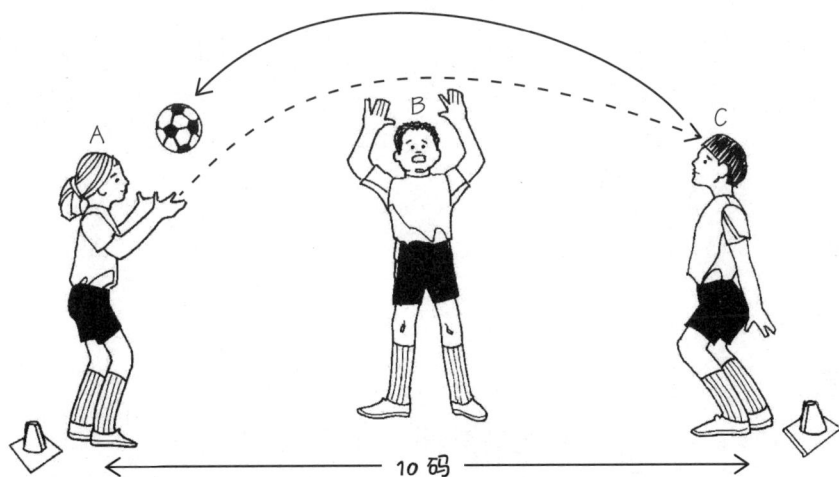

10 码

77 "为我表演"训练

目标

在有比赛防守压力下训练头球技能。

水平

高级。

器材

每 3 名球员 1 个足球和 4 个大号锥桶。

时间

5 分钟。

步骤

1. 让球员位于 10 码 × 10 码的网格中（参见下页图）。

2. 球员 B 向远离球的方向跑动，然后快速改变速度和方向，重新向球的方向跑。

3. 球员 A 掷球，球员 B 通过头球将球顶回。

4. 球员 C 与球员 B 争顶已掷出的球。

关键点

球员 C 在最初跑动时不能位于球员 B 有球的一侧。鼓励球员 C 移动到有球的一侧，并且在球员 B 改变方向且移向球时先触球。

相关训练

无。

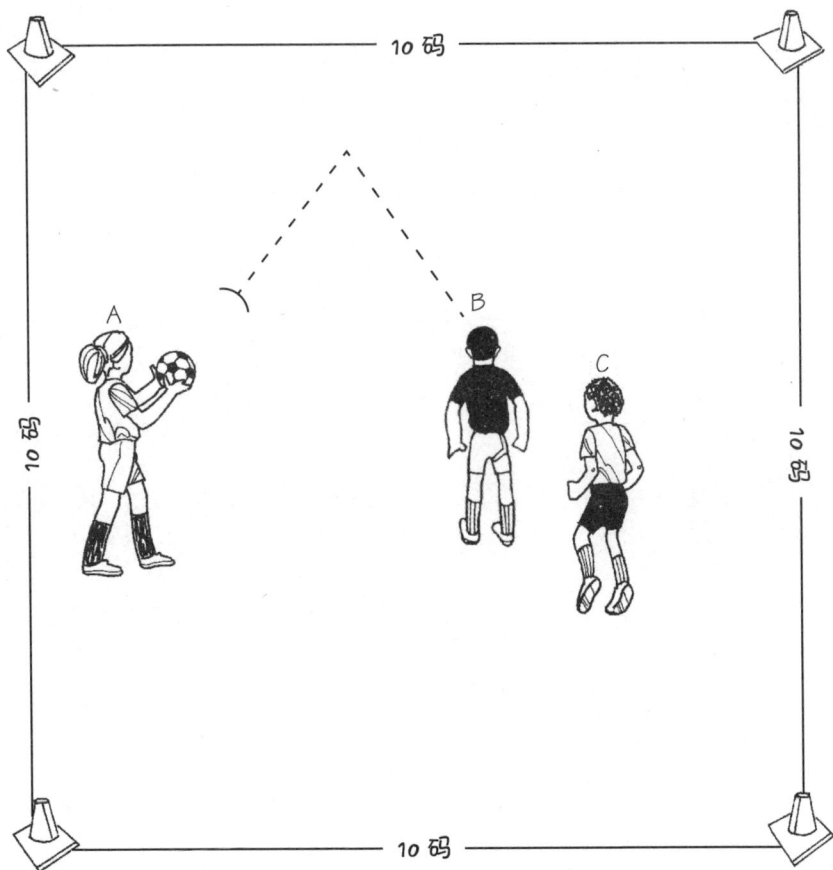

第 5 章

射门训练

由于青少年球员最感兴趣的就是进球得分，所以在训练期间应提供大量的得分机会。你可以在全场混战、小场比赛和射门训练期间为球员制造这种机会。在全场比赛和小场比赛期间，可使用各种方法鼓励球员获得更多的进球。比赛中不要守门员，或者通过限制路线来限制守门员的动作。增加更多的球门（或者扩大正在使用的球门）是增加进球量的另一种方法。

随着球员的射门技术（方式）以及战略知识（时间和地点）不断提高，进球量也会随之增加。与传球技能一样，在最初的训练阶段就要引入射门技术，但在后面的训练阶段中更要重点强调。训练球员的射门技能时要循序渐进。按照下列进度进行训练，本章中的训练内容可提高球员的射门技能。

- 固定球员进行固定射门。

- 移动球员进行固定射门。

- 固定球员进行移动射门。

- 移动球员进行移动射门。

- 射门时会带有轻微的防守压力，随后带有比赛时的防守压力。

球员需要了解在射门时如何正确触球。球员可能经常会用脚的内侧近距离射门，在传球时也用同样的方法。使用脚内侧可提高射门的准确度。需要更大的踢球力量时，告诉球员要使用脚背（鞋带所在的位置）踢球；向球员解释这样做比用脚趾踢球可以产生更多的力量。为了避免使用脚趾踢球，球员应将脚趾向下指并锁定触球脚的脚踝。支撑脚的位置会影响射门的高度。球员应学习将支撑脚置于球前面一点的位置来保持射出的球较低。要想将球员的注意力集中到踢球上，则要消除不断移动的球、不断移动的射门者或者防守球员等干扰。从固定的球和固定的射门者开始这一训练。

随着射门技术不断提高，可增加训练的难度，使射门者在踢球前处于运动状态。这样的运动会降低踢球的精确度，因为球员的视线必须关注两方面的目标。这样做既能帮助球员确定其追球路线上的空间，还能帮助球员找到触球点的适当位置。

随着球员信心的提高，可进一步增加射门难度，使射门者和球都处于运动状态，从而营造出更类似于比赛的环境。球速要适中，这样球员会觉得变向更容易一些。球员的射门能力得到提高后，可用不同的速度发球。

射门训练中的最后一步是增加防守压力来训练射门战术意识。首先增加轻微的压力，然后再逐渐增加到类似于比赛的压力。这些训练的节奏要比较快，并让球员在使用许多球和所有可用的球门时不要站成一排。如果有必要，可制造临时的射门机会。你可能希望将射门训练纳入一个循环中，其中有些球队成员在练习射门，而其他球队成员在练习脚法、传球等。

本章中的有些训练建议你鼓励队员比赛具有创造性，多使用撞墙式传球、交叉掩护和交叉跑位。撞墙式传球就是2名球员联合起来，其中一名球员给队友传球；随后，传球的球员向不同的方向移动并接到队友传回来的球。交叉掩护是2名球员联合的另一个例子。在这种情况下，带球球员向一个方向移动，同时另一名队友向不同的方向移动，经过该球员时接住球。交叉跑位是涉及不止2名球员的动作组合。例如，第1名球员将球传给第2名球员，同时第3名球员向前跑并位于第1名球员的外边。随后，接到第1名球员传球的球员将球传给第3名球员。第230页的图所示的三人组合就是交叉跑位的一个例子。

78　搭档固定射门训练

目标

在没有防守压力下训练从固定位置射出固定球的正确踢球方法。

水平

入门、初级。

器材

每 2 名球员 1 个足球。

时间

10 分钟。

步骤

1. 球员分散开，并且搭档之间的距离为 10 至 15 码。

2. 没有球的搭档假定是 1 名守门员，并准备好接球的姿势（参见下页图）。

3. 另一名搭档靠近固定的球并射门，尝试击中搭档。

关键点

初学球员在射门时有可能会不准确。这时可能就需要增加球员射门方向的守门员数量，这样球员就可以花费较少的时间来找回被踢飞的球。例如，让 3 名守门员站好位置，其间相距约 3 米远，并让射门者瞄准中间的守门员。在本次训练期间，要强调准确度比力量更重要。鼓励球员在用脚踢球时进行观察，并提醒球员用脚的内侧（而不是脚趾）踢球。

相关训练

训练 80：跑步射门训练。

训练 84：自旋射门训练。

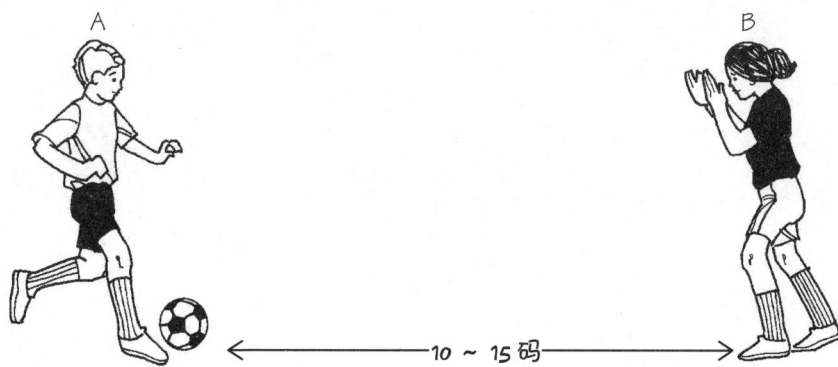

A

B

←————— 10 ~ 15 码 ——————→

79 三人射门训练

目标

在没有防守压力下训练从固定位置踢出固定球的踢球方法。

水平

初级、中级。

器材

每 3 名球员 1 个足球。

时间

10 分钟。

步骤

1. 3 名球员站成一排，每人相距约 10 码远（参见下页图）。

2. 球员 A 向球员 B 射门，球员 B 处于守门员的位置。

3. 球员 B 接球，然后将球滚向球员 C。

4. 球员 C 停球，然后向球员 B 射门。

5. 多次射门之后，球员交换角色。

关键点

需要强调的是，用脚背去踢固定的球。要强调射门准确度在射门力度之上。
球员越来越熟悉射门技能后，可增加球员之间的距离。

相关训练

训练 81：反向发球射门训练。

训练 82：传球射门训练。

训练 83：交替射门训练。

A B C

———— 10 码 ———— ———— 10 码 ————

80

跑步射门训练

目标

在没有防守压力下，训练射门者在移动状态下且球在固定状态时的正确踢球方法。

水平

初级、中级。

器材

- 4 个足球。
- 1 个球门。
- 每 4 名球员 4 个大号锥桶。

时间

10 分钟。

步骤

第一级

1. 将 4 个足球排成一行并放在 15 码 × 15 码的网格中。
2. 射门者绕着其中一个大号锥桶跑动，然后将球射入球门。
3. 射门者多次重复这一动作，但每次都绕着不同的大号锥桶跑，这就会使踢球角度产生变化。
4. 在第一级期间，1 名球员射门，2 名球员捡球，另外 1 名球员重新放球，以便让球员准备下一次射门。

第二级

1. 球员重复第一级中第 1 至 2 步。
2. 在每个球门柱的外面安置 1 名守门员（参见下页图）。
3. 球员绕着大号锥桶跑动时，向其中 1 名守门员发出信号，让其步入球门的一个角（就在自身一侧的球门里边），这就需要球员查看情况，决定将球射向何处。
4. 射门者必须将球射向未被占用的角落。

5. 在第二级中，1 名球员射门，2 名球员充当守门员，另外 1 名球员负责捡球。

关键点

你可能希望使用本次训练作为基础进行循环训练。如果使用本次训练作为较大群体的活动，可使用普通球门和临时球门两种。需要强调的是，使用临时球门时，射出的球要较低一些，使用普通球门时则要较高一些。

相关训练

训练 78：搭档固定射门训练。

训练 84：自旋射门训练。

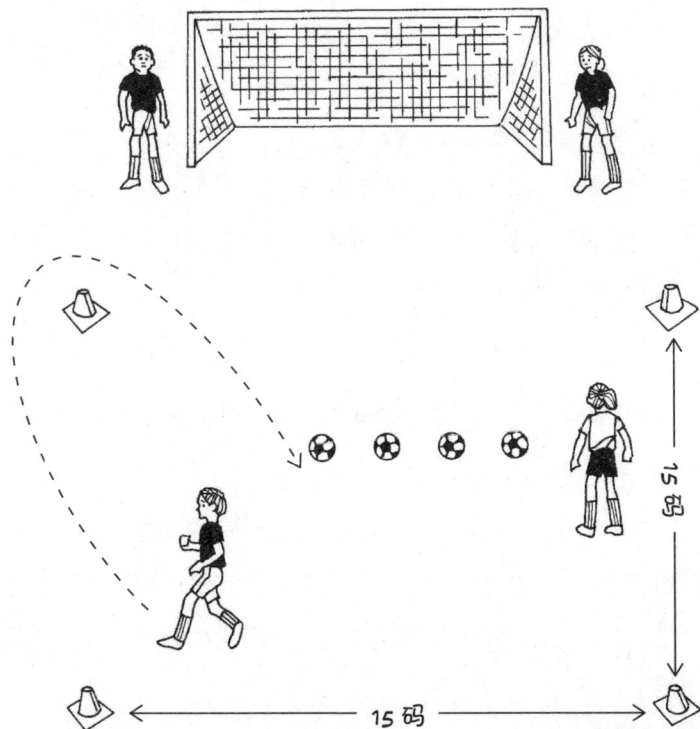

15 码

15 码

81 反向发球射门训练

目标

在没有防守压力下训练球员固定时踢移动球的正确方法。

水平

初级、中级、高级。

器材

每5名球员6个足球和2个球门。

时间

15分钟。

步骤

1. 2个球门之间的距离约30码。

2. 将球员D和球员B安排在边上，各自拿几个球。

3. 球员C是射门者（参见下页图）。

4. 球员B发球时，球员C向守门员A射门。

5. 球员D发球时，球员C转过身来并向球员E射门。

6. 6次射门之后，每个人交换角色。

关键点

与前面的训练相比，本次训练更接近于比赛，而且突出了目标球员的作用。让球处于运动状态会缩短射门者做出决定所用的时间。需要指出的是，射门者必须在用脚踢球时跟踪脚的路线，而且还必须调整球的速度、方向和高度。对于不太熟练的球员来说，要想使这一过程简单一些，可让发球员在发球时保持球速适中，而且是低平球。随着技能的提高，球员可练习用不同速度和高度发出的球进行射门。

相关训练

训练 79：三人射门训练。

训练 82：传球射门训练。

训练 83：交替射门训练。

82　传球射门训练

目标

在没有防守压力下训练球员固定时踢移动球的正确方法。

水平

初级、中级、高级。

器材

每 4 名球员 1 个或多个足球以及 2 个球门。

时间

15 分钟。

步骤

1. 两个球门之间相距 30 码。

2. 按照图示方式安排球员站位（参见下页图）。

3. 球员 B 给球员 C 发球，球员 C 向守门员 D 射门。

4. 守门员 D 给球员 C 传球。球员 C 传球给球员 B，球员 B 向守门员 A 射门。

5. 所有球员多次重复这一动作，然后交换角色。

关键点

在球门中保留多个球以供守门员传球，这样训练的节奏就会加快。鼓励球员向球门的角落进行一次触球射门。

相关训练

训练 79：三人射门训练。

训练 81：反向发球射门训练。

训练 83：交替射门训练。

30 码

83 交替射门训练

目标

在没有防守压力下训练球员固定时踢移动球的正确方法。

水平

中级、高级。

器材

每 4 名球员 4 个足球和 1 组球门。

时间

10 分钟。

步骤

1. 两个球门之间相距 30 码。
2. 让 2 名球员位于场地的中心位置（参见下页图）。
3. 球员 B 左右交替向球员 A 发球。
4. 球员 A 必须追赶球，并向球移动方向的球门射门。
5. 然后，球员 A 向相反方向射门。

关键点

踢移动球的移动球员必须在短时间内收集大量的信息。这些球员必须计算球的方向、速度和高度；自己的速度；自己与球之间的角度；自己相对于球的高度；自己与球门之间的距离；以及守门员的位置。这就是在射门训练中要结合移动的球和移动球员的原因。

相关训练

训练 79：三人射门训练。

训练 81：反向发球射门训练。

训练 82：传球射门训练。

30 码

84 自旋射门训练

目标

在没有防守压力下且球员固定时，训练可营造出踢移动球的空间的能力。

水平

中级、高级。

器材

每 2 名球员 1 个足球和 1 个球门。

时间

10 分钟。

步骤

1. 让球员进入场地的前场。

2. 球员 A 位于禁区中，首先横向跑，然后回头看球（参见下页图）。

3. 球员 B 传球给球员 A，球员 A 通过一次触球将球返还给球员 B。

4. 返回传球之后，球员 A 转到外边，以便创造出空间供球员 B 用返回的传球射门。

关键点

球员转到外边时应随着内侧脚（靠近球门的脚）转动。球员应改变转身时所留下的宽度，以便创造出足够的空间进行传球，还要转身时靠近防守球员，为队友提供支援。

相关训练

训练 78：搭档固定射门训练。

训练 80：跑步射门训练。

自旋射门训练

85

撞击比赛

目标

在轻微防守压力下训练射门技能。

水平

中级、高级。

器材

- 每名球员 1 个足球。
- 4 个大号锥桶。
- 1 个便携式球门。

时间

10 分钟。

步骤

1. 按照下页图所示的方式安排球员站位。

2. 发出信号，球员 A1 向球门射门，试图在面对球员 B1 时得分。

3. 如果球员 A1 成功了，那么球员 A2 就会射门，试图在面对新的守门员（球员 B2）时得分。

4. 如果球员 A1 失败了，那么就会变成守门员并转移到球门边，然后球员 B1 射门试图得分。

5. 如果球员 B1 得分，那么球员 B2 就会射门，此时球员 A2 是守门员。球员 A1 由球员 A2 替换，球员 A1 将移到队列的末尾。

6. 活动继续，其中一队得分为 10 时宣布该队为获胜者。

关键点

　　这项比赛可提供大量的得分机会。鼓励球员使用各种射门方法，包括使用脚内侧、脚外侧以及脚背。随着球员能够越来越轻松地得分，可缩小球门，或者增大射门距离。

相关训练

　　训练 86：3v1 射门训练。

　　训练 88："击中自己"射门训练。

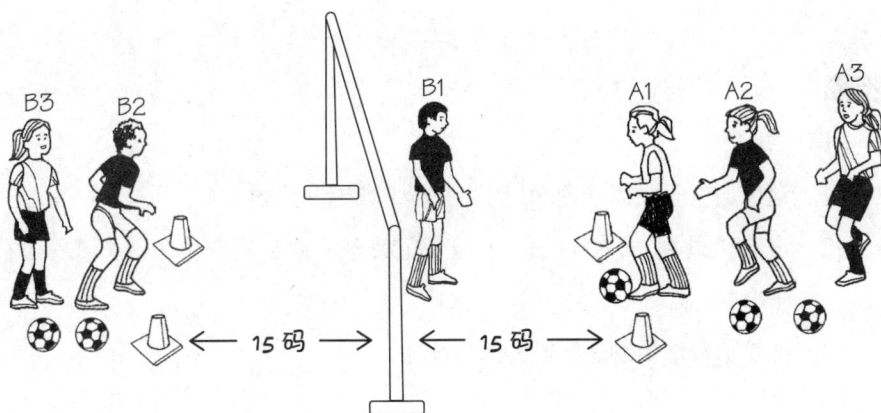

86 3v1 射门训练

目标

在轻微防守压力下训练球员移动时踢移动球的正确方法。

水平

中级、高级。

器材

- 每 4 名球员 1 个足球和 1 个球门。
- 每名守门员 1 件球衣。

时间

10 分钟。

步骤

第一级

1. 让球员位于距离球门 30 码的位置（参见下页图）。
2. 进攻球员 A、B 和 C 进行一连串的传球，直至其中 1 名球员试着进行一次射门。
3. 一位防守球员制造轻微的防守压力。

第二级

1. 球员重复第一级中第 1 至 2 步。
2. 用 1 名守门员制造更多的防守压力。

关键点

进攻球员中任何一人可以射门之前都必须已触到球。鼓励采用创造性的动作，例如切换和交叉跑。让进攻球员人数多一些，本次训练就可为进攻球员提供更多的进球得分机会。

3v1 射门训练

相关训练

训练 85：撞击比赛。

训练 88："击中自己"射门训练。

30 码

87 "猫捉老鼠" 射门训练

目标

在轻微防守压力下训练创造射门空间的能力。

水平

中级、高级。

器材

每 2 名球员 1 个足球和 1 个球门。

时间

10 分钟。

步骤

1. 按照图中所示方式安排球员站位。

2. 球员 A 将球传给球员 B。

3. 然后，球员 A 曲线跑动，以便针对球员 B 的渗透切入提供被动防守。

4. 球员 B 接住球，然后移动 1 次或多次来创造出空间进行射门。

关键点

球员 A 必须等到球员 B 接到球后再进行曲线跑。需要强调的是，防守球员要制造轻微的防守压力，因为这是一项进攻训练。鼓励进攻球员采取各种移动方式。要想获得更多的得分，最初不要使用守门员。可以使用尽量多的球门。

相关训练

无。

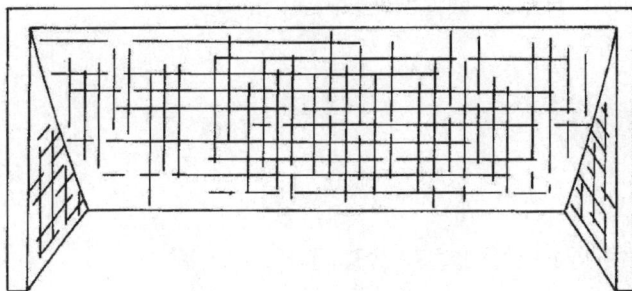

88 "击中自己"射门训练

目标

在轻微防守压力下训练创造射门空间的能力。

水平

中级、高级。

器材

每 3 名球员 1 个足球和 1 个球门。

时间

10 分钟。

步骤

1. 让球员位于球场的前场。
2. 球员 A 向远离足球的方向跑动，然后回头看球并接到球员 B 的传球（参见下页图）。
3. 球员 B 触到球时，球员 C 跑去防守球员 A。
4. 球员 A 必须使用个人移动来创造出射门空间。
5. 球员 C 在进行防守时处于被动状态。

关键点

最初，将发球员和防守球员分开足够远的距离，这样进攻球员才有明显的优势。随着球员技能的提高，防守球员可以更靠近一点，从而缩短进攻球员射门所需的时间。

相关训练

训练 85：撞击训练。

训练 86：3v1 射门训练。

89 双重防守射门训练

目标

在比赛防守压力下训练创造射门空间的能力。

水平

高级。

器材

- 6 个足球。
- 5 个大号锥桶。
- 1 个球门。

时间

15 分钟。

步骤

1. 按照下页图所示的方式安排球员站位。
2. 发出信号，球员 A 将球传给球员 B。然后，球员 A 跑去防守球员 B，以阻止其射门。
3. 球员 B 接到球员 A 传的球时，球员 C 在球员 B 后面慢跑进行防守。现在，球员 A 和球员 C 实现了双重防守。
4. 球员 B 试图在受到两名球员的防守期间得分。
5. 比赛之后，球员 A 移动到大号锥桶 3 处，球员 B 移动到大号锥桶 1 处，球员 C 移动到大号锥桶 2 处。
6. 所有球员重复这一活动。

关键点

本次训练复制了比赛条件：防守球员在前面进行防守，而后面的球员又夹击防守。鼓励球员快速评估防守球员的位置，并创造出空间来提供射门机会。开始本次训练时不要安排守门员，这样就可以提供大量的得分机会。随着球员不断进步，可以增加难度，增加 1 名守门员可让本次训练带有比赛性质。

相关训练

训练 90：团队挑战射门比赛。

训练 92：扩展射门比赛。

训练 93：撞墙式传球射门训练。

训练 98：边线射门比赛。

训练 99：双边射门比赛。

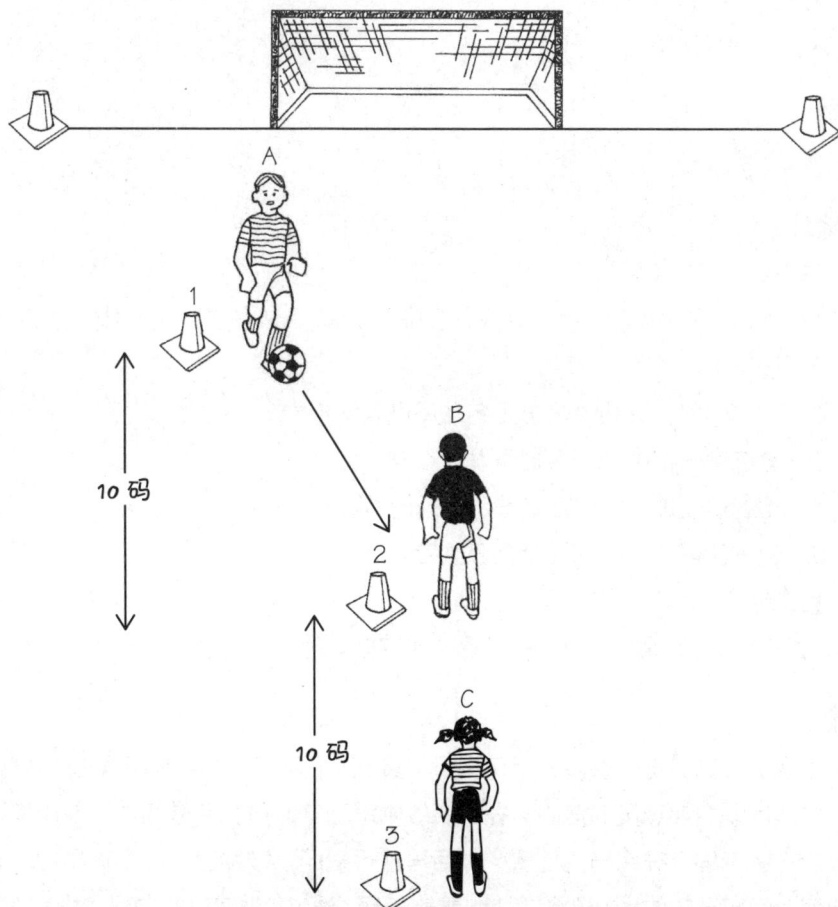

90

团队挑战射门比赛

目标

在比赛防守压力下训练创造空间，以制造射门机会的能力。

水平

初级、中级、高级。

器材

- 6 个足球。
- 2 个球门。
- 4 个大号锥桶。

时间

15 分钟。

步骤

第一级

1. 将球员分成两队，每队 3 人，安排在 20 码 ×30 码网格的对边，如下页图所示。
2. 发出信号，每队中的第 1 名球员进入网格中。
3. 教练给网格中的 2 名球员发 1 个球。
4. 得到球的球员尝试在其选定的球门得分。
5. 最先获得 5 分的团队就是获胜者。

第二级

让所有球员重复第一级中的步骤，要安排守门员。

关键点

本次训练的节奏很快，并且可提供大量的射门机会。一开始不要安排守门员，这样可以增加球员的信心。在第二级中增加守门员，并鼓励球员使用良好的视觉方法来确定守门员的位置，然后再进行射门。鼓励已射门的球员捡回球并快速返回自己的位置。这会加快比赛的节奏。通过添加变化给球员增加难度，例如，限制触球次数或要求只能使用左脚、只能使用右脚、使用脚外侧或者脚背来踢球。

相关训练

训练 89：双重防守射门训练。

训练 92：扩展射门比赛。

训练 93：撞墙式传球射门训练。

训练 98：边线射门比赛。

训练 99：双边射门比赛。

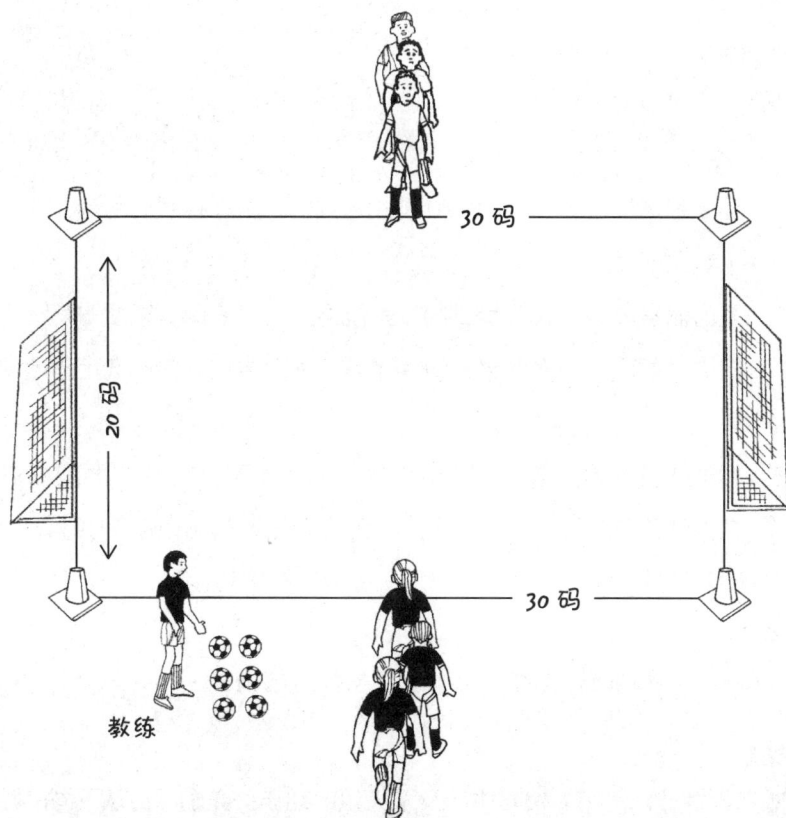

91 "你我之间" 射门比赛

目标

在比赛防守压力下训练创造空间，以制造射门机会的能力。

水平

初级、中级、高级。

器材

- 6 个足球。
- 2 个球门。
- 4 个大号锥桶。

时间

2 分钟。

步骤

第一级

1. 让 2 名球员位于 20 码 ×20 码的网格中，并在相对的两边有 2 个球门（参见下页图）。

2. 发出信号，球员 A 在受到防守期间尝试创造空间，以便对其选定的球门进行射门。如果球员 B 得到了球，就会尝试对自己选定的球门进行射门。

3. 如果球员 A 射门得分，球员 B 要从自己防守的球门中捡回球，并尝试在受到防守期间创造出空间，从而对其选定的球门进行射门。

4. 比赛持续 2 分钟时间。进球得分最多的球员获胜。

第二级

让所有球员重复第一级中的步骤，要安排守门员。

关键点

本次训练非常简单，但其中涉及了大量的动作。鼓励球员从不同的距离和角度射门，并且在感到疲倦时也要集中精力。在第二级活动中需强调的是，要根据守门员的位置安排合适的射门位置。可在训练后修正可能的错误。如果可能，让好几对球员同时进行比赛，或者让其余的团队参与小场比赛或其他活动时进行这场比赛。

相关训练

无。

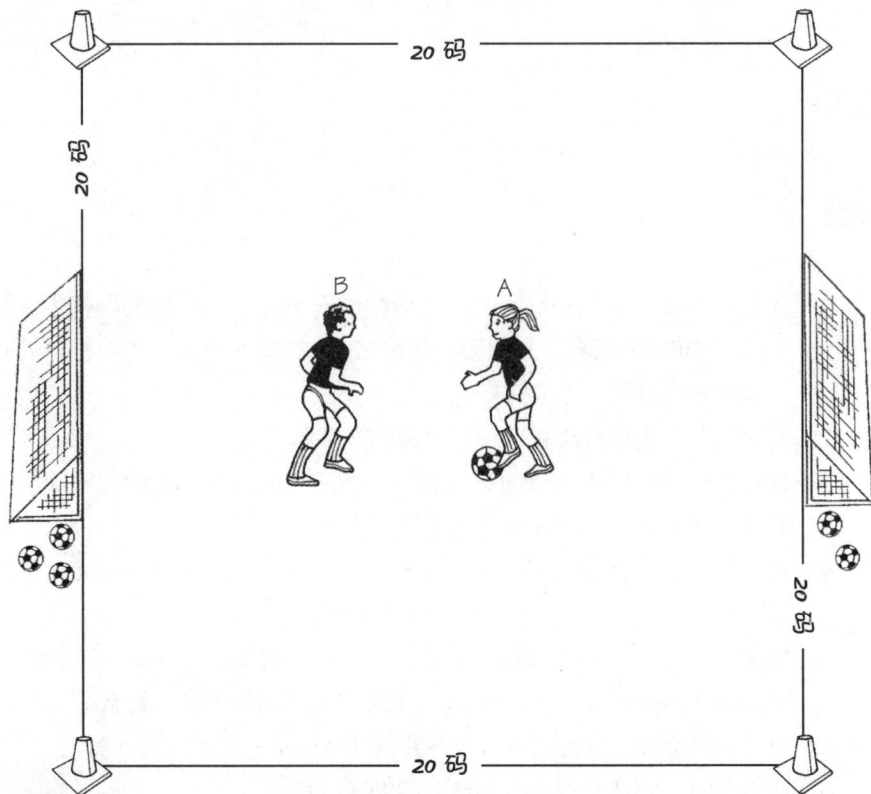

92   扩展射门比赛

目标

在不同程度的防守压力下训练射门方法和策略。

水平

中级、高级。

器材

- 6 个足球。
- 2 个球门。
- 3 件蓝色训练球衣和 3 件红色训练球衣。
- 4 个大号锥桶。

时间

15 分钟。

步骤

第一级

1. 让蓝队的 1 名球员和红队的 1 名球员位于 20 码 ×20 码的网格中。每个团队中的 2 名球员站在相对的边线上（参见下页图）。在相对的两边放上两个球门，不安排守门员。
2. 开始比赛，首先教练将球投在网格中的 2 名球员之间。
3. 控球的球员在受到防守时尝试在其选定的球门得分。如果防守球员得到球，随后就会尝试在其选定的球门得分。
4. 第 1 个得分的团队再增加 1 名球员。将球投出，比赛再次开始，不过这一次，已得分的团队就会有 2v1 的优势。
5. 如果第一个得分的团队再次得分，那么就再增加 1 名球员，这就会给该团队带来 3v1 的优势。但是，如果对手接下来得分，那么比赛就会继续保持 2v2。任何团队从来不会有 3 名以上的球员进行比赛。
6. 比赛继续，团队获得 5 个进球后成为获胜者。

第二级

让所有球员重复第一级中的步骤，要安排守门员。

关键点

本次训练提供无限的机会来培养球员的射门技术和策略。本次训练还允许团队增加一位额外的球员，以奖励已得分的团队。需要重点强调第二进攻者（最靠近带球球员的队友，为带球球员提供支持）的作用和第三进攻者（提供机会，以获得防守球员后方空间的球员）的作用。

相关训练

训练 89：双重防守射门训练。

训练 90：团队挑战射门比赛。

训练 93：撞墙式传球射门训练。

训练 98：边线射门比赛。

训练 99：双边射门比赛。

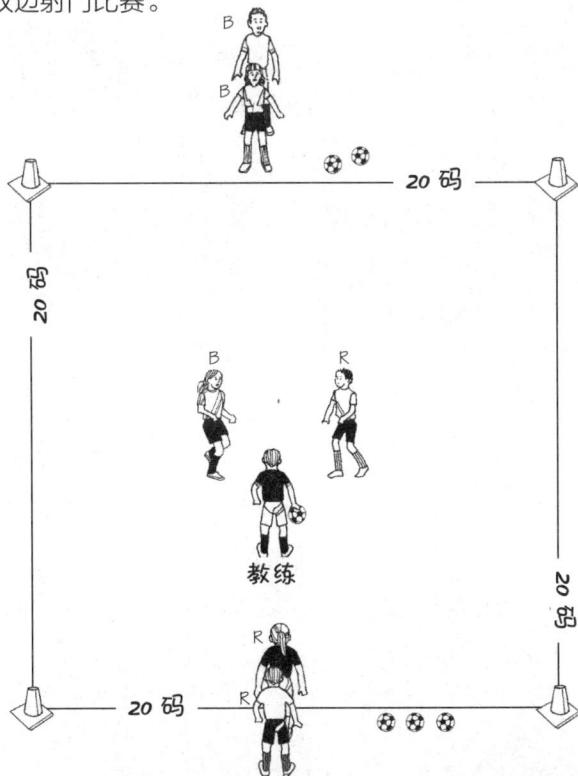

93 撞墙式传球射门训练

目标

在比赛防守压力下训练创造空间并进行射门的能力。

水平

中级、高级。

器材

每 4 名球员 1 个足球和 1 个球门。

时间

10 分钟。

步骤

第一级

1. 让球员位于球场的后场中（参见下页图）。

2. 球员 A 是进攻球员，球员 B 是防守球员。

3. 球员 A 将球传给球员 C 或球员 D，然后移动到开放空间，准备接返回的传球并射门。

4. 球员 B 积极进行防守。

第二级

1. 将球发给球员 A。

2. 球员 A 必须接住球并承担防守球员的角色，通过个人移动来创造空间进行射门，或者使用球员 C 和球员 D 进行撞墙式传球。

第三级

1. 所有球员重复第一级中第 1 至 2 步。

2. 安排 1 名守门员来增加防守压力。

关键点

鼓励球员改变速度并使用快速突破的方式来创造空间，从而进行射门。

相关训练

训练 89：双重防守射门训练。

训练 90：团队挑战射门比赛。

训练 92：扩展射门比赛。

训练 98：边线射门比赛。

训练 99：双边射门比赛。

94 全部循环的 1v1 训练

目标

在比赛防守压力下训练带球技能，以及学习创造空间以制造射门机会。

水平

初级、中级、高级。

器材

每 8 名球员 1 个足球和 2 个球门。

时间

10 分钟。

步骤

1. 安排 8 名球员，球门之间相距约 30 码（参见下页图）。

2. 球员 A 将球带向球门 1，试图得分。

3. 球员 B 进行防守。

4. 球员 A 射门之后，就变成了防守球员，而球员 B 移到距其所防守的球门外边约 10 码远的位置。

5. 球员 C 在球员 B 防守的球门边上等待，此刻他变成了新的进攻球员。

6. 球员 C 接到传球并将球带向球门 2，球门 2 大约 30 码远，与此同时球员 A 正在防守。

7. 球员 C 射门之后，就变成了防守球员，以此类推。

8. 得到球的防守球员就变成了进攻球员。

9. 防守球员始终转向其所防守的球门。

10. 球员从进攻球员轮换为防守球员，然后再到站在球门边上。

关键点

本次训练非常紧凑。将球员的数量限制为 8 个，可最大限度地增加触球次数，还可以有短暂的恢复期。最初开始这一训练时不要安排守门员，这样会使得分更容易。随着球员技能的提高，增加 1 名守门员来提高防守压力。

相关训练

训练 95：无限循环的 3v2 训练。

训练 96：射门联合训练。

95 无限循环的 3v2 训练

目标

在比赛防守压力下训练球员配合比赛，以创造射门机会。

水平

中级、高级。

器材

每 7 名球员 1 个足球和 2 个球门。

时间

10 分钟。

步骤

1. 两个球门之间相距约 30 码。
2. 将 3 名进攻球员安排在球场的中间，准备好对阵 2 名防守球员（参见下页图）。
3. 发出信号，3 名进攻球员相互之间传球，直至非常靠近球门时射门。
4. 然后，射门的球员加入这一边球门的 2 名防守球员，并尝试对球场对边 2 名防守球员的球门射门。另 2 名进攻球员就变成了其所射向球门的防守球员。
5. 如果 1 名防守球员得到了球，那么该防守小组与丢球球员组成进攻人员。其他进攻球员就变成了其试图得分球门的防守球员。

关键点

进攻球员具有人数优势，所以应始终准备一名备用球员。鼓励球员通过切换和交叉跑位来创造空间。可以增加难度，让球员触球的次数不超过 2 次。

无限循环的 3v2 训练

相关训练

训练 94：全部循环的 1v1 训练。

训练 96：射门联合训练。

30 码

96 射门联合训练

目标

在不同程度防守压力下训练射门技术和策略。

水平

高级。

器材

- 4 个足球。
- 1 个球门。
- 6 个大号锥桶。
- 12 件球衣（6 件红色、6 件蓝色）。

时间

20 分钟。

步骤

1. 将 4 个大号锥桶排成一条直线，彼此之间相距 10 码，并且距离球门 30 码。将另外两个大号锥桶放在每个球门柱的一边（参见下页图）。

2. 2 名球员 1 组，1 名球员穿红色球衣，1 名球员穿蓝色球衣，站在 6 个大号锥桶旁边。1 名守门员站在球门前。

3. 训练开始，红队负责进攻，蓝队负责防守。

4. 发出信号，大号锥桶 1 旁边的红队球员快速将球带向球门并进行射门。蓝队的防守球员必须从坐姿开始。

5. 第 2 次发出信号时，大号锥桶 2 旁边的红队球员将球传给大号锥桶 5 旁边的红队球员，后者刚刚沿对角线跑动。大号锥桶 2 旁边的蓝队球员并未防守住这次传球。然后，大号锥桶 5 旁边的红队球员尝试让任 1 名球员射门，大号锥桶 2 旁边的红队球员通过移动来提供支持。大号锥桶 2 和大号锥桶 5 旁边的蓝队球员进行防守。

6. 第 3 次发出信号时，大号锥桶 3 和大号锥桶 6 旁边的球员重复同样的动作。

7. 第 4 次发出信号时，大号锥桶 4 旁边的红队球员必须与大号锥桶 4 旁边的蓝队防守球员进行 1v1 攻防。大号锥桶 4 旁边的红队球员尝试跑向球门并进行射门。

8. 球员完成自己的任务后返回到自己的锥桶位置。所有球员都完成后，就轮流到下一个锥桶（1 到 2、2 到 3，以此类推，6 轮流到 1）。

9. 所有球员都完成这一循环时，团队之间交换进攻和防守的角色。

关键点

球员需要练习从不同的角度并在不同的环境下射门。鼓励球员使用良好的视觉方法来确定守门员的位置。提醒球员射门的位置比射门力度更重要。

相关训练

训练 94：全部循环的 1v1 训练。

训练 95：无限循环的 3v2 训练。

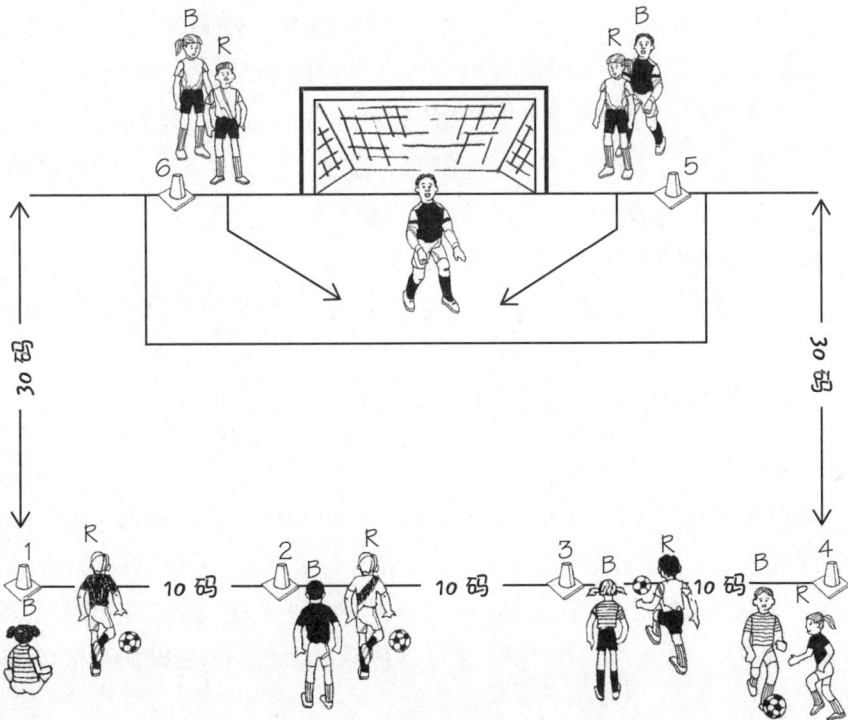

97 目标训练

目标

训练球员在前场配合比赛。

水平

高级。

器材

- 1 个足球。
- 2 个大号锥桶。
- 1 个球门。

时间

20 分钟。

步骤

1. 让两个锥桶之间相距 10 码远，而且距离球门 30 码远（参见下页图）。
2. 球员 A 和球员 B 占据 2 个大号锥桶之间虚线远离球门的位置。球员 C 和球员 D（目标球员）位于球门和大号锥桶之间。守门员位于球门前。
3. 发出信号，球员 A 和 D 来回传球，同时球员 C 和 D 通过各种跑动（横向、转向和对角线）方式跑向开放空间。
4. 球员 A 或 B 将球传给球员 C 或 D。
5. 球员 C 和 D 必须进行配合比赛（例如，交叉掩护、交叉跑位、撞墙式传球），然后再射门。
6. 球员多次重复这一活动，然后交换角色。

关键点

本次训练是培养球员配合比赛，从而在前场发起进攻的第 1 阶段。鼓励球员使用视觉、交流和动作来实现创造性的比赛。球员一旦能够理解如何配合比赛，就要增加 1 或 2 个防守球员，使本次训练带有更多的比赛性质。使用 1 名防守球员时，球员 A 或 B 发起的第 1 次传球必须到达正在防守的目标球员。

通过修改本次训练，还可以训练第三进攻者的角色，允许球员 A 或 B 任意 1 名球员前进，从而形成 3v2 的情形。前进的球员应该是没有向前传球的球员（例如，球员 A 传球，而球员 B 向前跑）。

相关训练

训练 100：框架训练。

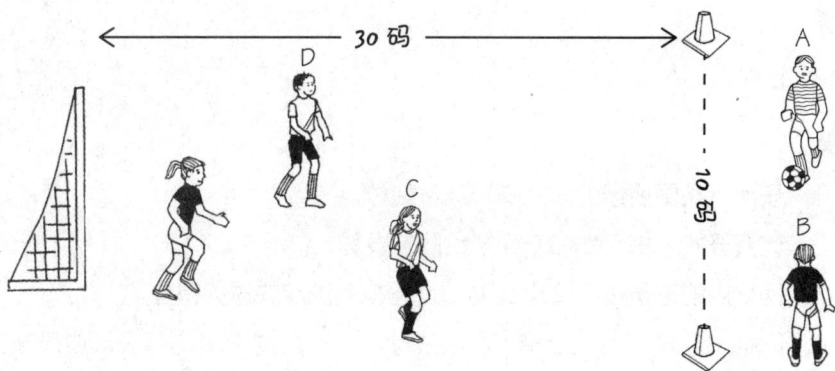

98 边线射门比赛

目标

在比赛防守压力下训练配合比赛和射门技能。

水平

中级、高级。

器材

- 1 个足球。
- 4 件红色训练球衣和 4 件蓝色训练球衣。
- 2 个球门。
- 4 个大号锥桶。

时间

20 分钟。

步骤

1. 按照下页图所示的方式安排球员站位。
2. 比赛开始，指定哪名守门员给队友发球。
3. 网格内的球员进行 2v2 比赛，试图在其选定的球门得分。
4. 网格内的球员可能会传球给边线球员，以形成 3v2 的情况。边线球员不能进入网格，因此不会受到防守。
5. 训练 5 分钟后，边线球员与网格内的球员互换并继续比赛。
6. 20 分钟后，得分最多的团队宣布为获胜者。

关键点

本次训练的节奏很快，可提供大量的进球得分和配合比赛的机会。强调第二进攻者（最靠近带球球员的队友，负责提供支持）的作用。鼓励球员进行创造性的比赛，其中包括撞墙式传球、交叉掩护和交叉跑位。你可能会选择使用边线射门比赛来指导如何防守射门球员并进行两人配合比赛。如果这么做了，就需要强调第二防守球员（防守第二进攻者的球员，还负责为第一防守球员提供掩护）的作用。

相关训练

训练 89：双重防守射门训练。

训练 90：团队挑战射门比赛。

训练 92：扩展射门比赛。

训练 93：撞墙式传球射门训练。

训练 99：双边射门比赛。

99　双边射门比赛

目标

在比赛防守压力下训练射门准确度和配合比赛。

水平

高级。

器材

- 6 个足球。
- 3 件红色混战球衣和 3 件蓝色混战球衣。
- 6 个大号锥桶。

时间

20 分钟。

步骤

1. 让球员位于 20 码 ×20 码的网格中，如下页图所示。

2. 在网格的中间放 2 个大号锥桶，守门员位于 2 个大号锥桶之间，如下页图所示。

3. 开始比赛，将球发到网格边上 2 组球员所在的位置。

4. 例如，如果球员 A1 获得了球，他可能会射门，将球传给球员 A2，或者传给网格对边的球员 A3。如果球员 A1 将球踢给球员 A3，他就可以去往网格的这一边。其防守球员会紧随其后。

5. 如果球从团队 A 发出，那么团队 B 会尝试得分，但是必须首先将球踢到网格的对边。团队可从网格的任意一边得分。

6. 如果进了球或者球到了网格外，就要使用另一个球比赛。

7. 如果守门员挽救了 1 次射门，就可以将球踢给网格任意一边未射门团队中的 1 名球员。

8. 每个团队中至少有 1 名球员必须始终在网格的边上。

9. 20 分钟结束之后，进球最多的团队宣布为获胜者。

双边射门比赛

关键点

　　鼓励使用交叉掩护、撞墙式传球或交叉跑位等配合来创造射门机会。增加难度，让球员在使用视觉、交流和动作时提高创造力，以便创造空间进行传球并制造射门机会。通过使用没有网的便携式球门（或者是 2 个大号锥桶之间相距 8 码远），会给守门员提供更好的机会防守网格的两边。向球员说明，要想获得进球得分，就必须在网格中间的锥桶之间和守门员肩膀下方传球。

相关训练

　　训练 89：双重防守射门训练。

　　训练 90：团队挑战射门比赛。

　　训练 92：扩展射门比赛。

　　训练 93：撞墙式传球射门训练。

　　训练 98：边线射门比赛。

100 框架训练

目标

训练利用横传球射门的能力。

水平

高级。

器材

- 4 个球。
- 2 个球门。

时间

20 分钟。

步骤

1. 按照下页图所示的方式安排球员站位。

2. 发出信号，球员 A 将球传给球员 B，球员 B 接球。

3. 球员 B 将球传回给球员 A，然后向外转身并沿着边线跑，以便接到球员 A 再次传球（长球）。然后，球员 A 处于中场刚才由球员 B 占据的位置。

4. 球员 B 将球带到角落并进行横传。

5. 球员 1、2 或 3 尝试接横传球进行射门，然后重新组合以进行下一次横传。

6. 球员 A 在网格的右边开始活动时，球员 C 在左边开始同样的活动，将球传给球员 D。

7. 球员 A 站到中场的位置时，球员 E 马上将球传给球员 A。

8. 横向传球之后，球员 B 跑向球员 C 开始的角落，这个位置在赛场对边、球员 F 的后边。球员 F 轮流之后，球员 C 继续这一活动。球员 D 在横向传球之后，跑向球员 A 和球员 E 开始活动的角落。

9. 多次横向传球之后，球员交换角色。

关键点

球员位置确定后进行横向传球时，鼓励球员 1 向近门柱跑，球员 2 将自己定位在点球线附近的位置，而球员 3 向远门柱跑。告诉球员在踢横传球时，对于向近门柱跑的球员，要发出平传球，对于罚球点的球员，要发齐腰高的球，而对于向远门柱跑的球员，要发高吊球。向球员 1、球员 2 和球员 3 强调，发出横传球时要快速重新组合，这样就可以为下一次传球确定用合适的角度进行跑动的时机。允许网格中的球员进行交叉跑动，从而推动有创意的比赛。要想营造更多比赛的氛围，首先在网格中增加一位防守球员，然后再增加第二防守球员和第三防守球员。

相关训练

训练 97：目标训练。

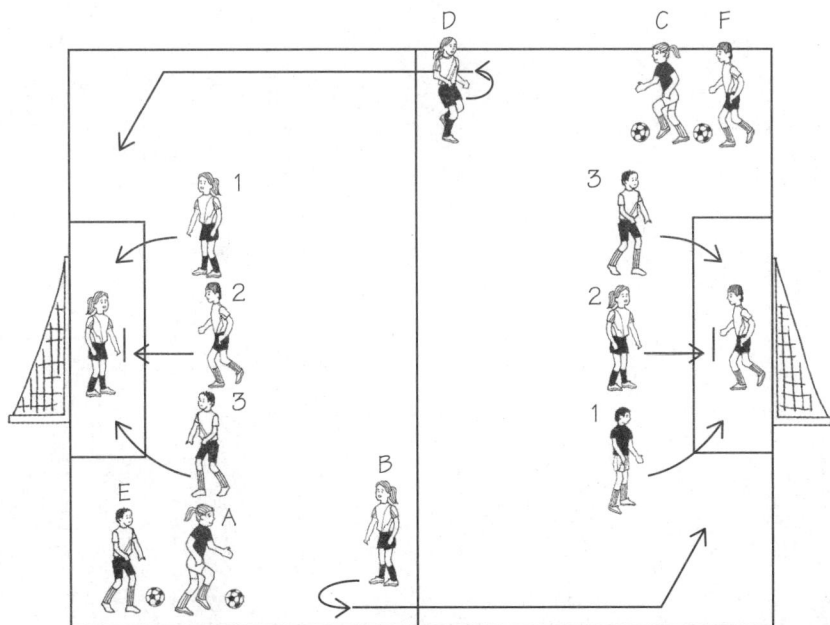

第 6 章

比赛

在比赛中训练首先要关注球员技能的获得以及动作概念。首先要限制比赛中的球员数量，这样球员才有更多的时间和空间做出决定。而且还可以保证球员获得大量的触球机会，并使其对自己的选择更加负责（因为做这项工作的人较少）。随着球员的技术越来越熟练，其相关的知识也越来越多，并且随着增添更多的球员、更多的规则、更大的场地以及更多的团队战略，球员的技战术水平也会不断地提高。如果教练过早地强调竞争，或者对初学者使用大量的规则和限制，这一过程就会受到影响，就会使球员过早地对足球术语感到困惑。

讨论每个层次的学习中所出现的战略、概念方面的变化是不太可能的。相反，我将讨论一些主要概念，并介绍这一系列的比赛安排：4v4、5v5、8v8和 11v11。这一顺序并不是我的原创。荷兰人最早研究出这种教学方法，而我是用作参考，但也做了一些修改。这个进度与我在自己早期的辅导经验中所使用的进度略有不同。之所以采用这种模式，是因为对于球员和教练来说，这种模式在从一个层次向另一个层次转换时更加容易。

4v4

4v4 是小场比赛，非常适合 5 到 6 岁的初学球员。这种比赛的场地应为大约 50 码长、30 码宽。球门的大小应根据球员的年龄和高矮来确定。我建议球门的大小约为 2.4 米宽、1.5 米高。特意修改后的 4v4 比赛的规则变得更加简单，这样球员就可以集中精力关注其所学的新技能和动作概念，而不需要注重过多的规则。

开始比赛时首先要开球，而且要在任意一个团队进球得分后重新开球。如果一个团队将球踢出了边线，对手团队就会得到 1 个掷界外球的机会。如果任意一个团队将球踢过了端线，那么球门在该端线上的团队就获得 1 次任意球的机会。未踢球的团队必须退回到中场线，等待对方球队踢完球，然后再继续比赛。

4v4 比赛改变了角球和球门球传统的规则，没有守门员。这种改变在足球教练之间存在一些争议，但另一方面允许球队获得更多的进球、减少了冲撞并使伤害降到最低。

　　球门前面的区域是安全区域，类似于一个球门区，如果球不在该区域的话就不允许任何人进入。如果球在该区域，那么任意一方球员都可以进入。这一规则允许团队通过进攻来完成比赛，通过防守来阻止得分。这一比赛不包含任何越位规则和球点球，而且所有罚球都是从犯规地点发出直接或间接任意球。要想获得最好的效果，可在赛场上安排 8 名球员（每队 4 名球员），并在球场边线上安排 8 名球员。赛场上的 8 名球员比赛时间持续 5 到 7 分钟。然后，边线上的 8 名球员与赛场上的球员交换位置。这个年龄的儿童需要在 5 到 7 分钟的连续运动之后休息一下。4v4 模式允许球员连续运动，可获得数百次停球和传球的机会。这种模式还会带来大量的得分机会。这项比赛的持续时间大约为 30 分钟。

5v5

　　5v5 比赛适合 7 到 8 岁的球员。与 4v4 的比赛相同——在 50 码 ×30 码的场地上进行比赛，但是会增加角球和守门员。守门员不能到安全区域的外边，而且不允许任何球员位于安全区域内（即使是球在安全区域内也不行）。

　　守门员让比赛变得难度更大了。进攻时球员不仅要突破防守，还要打败守门员。防守人员必须在守门员收到球并发起进攻之后才能进行攻防转换。为每位想体验守门员位置的球员都提供这样的机会。但是，有些儿童因为害怕而不想要这样的机会。不要坚持让这些儿童担任守门员。

　　这个阶段只要教授一些基本的守门技能。应该告诉守门员，只要有可能就要使身体处于双手的后方，并且正确放置自己的双手（手心向里接住腰部上方的球，手心向外接住腰部下方的球）。守门员应尽可能接球并控球，并且让自己处于合适的封堵角度，以便减少进攻者可以射门的空间。在训练期间要不断提及球队队形（菱形）和球员的位置（边锋、前锋和后卫）。

停球、观察并做出决定

　　5v5 比赛可提供数百次触球机会。由于赛场上每个球队只有 5 名球员，所以球员有大量的时间和空间来练习停球、进行观察并做出决定。鼓励球员感受这一过程。首先，球员常常会进行"踢－跑"类型的动作。通过耐心指导传球过程，就会发现球员在控球时可以很好地展示出对空间的使用，而且比赛也开始具有更多的结构。随着球员技能的提高和比赛速度加快，这一比赛就变成了观察、停球和做出决定。但是，这一水平的球员还没有准备好使用这项高级技能。在这一水平上，可以给球员留出一些时间进行没有教练指导的比赛。

接应和平衡

　　这一水平的球员应该非常熟悉的是移动到远离带球球员的接应位置（开放空间），而不是移动到带球球员所在的空间（封闭空间）。然后，接到球的球员必须先观察，再做出下一步向何处踢球的决定。需要强调的是，将接应球员适当地分开有助于消除对球的群集效应。5 人球队模式有助于适当拉开空间。这种模式包括 1 名守门员，并将其他 4 名场上球员排成菱形，这样就可以从任何方向踢球——向前、向后或横向（左或右）。

　　如图 6.1 所示，球员 A 提供长度支持，球员 B 和球员 C 提供宽度支持，球员 D 提供深度支持，而球员 E 是守门员。球员传球后，就会移到新的接应位置。继续巩固移动的概念，包括双方都带球或无球的情况，要保持良好的队形（菱形）。

　　保持队形（菱形）有助于实现出色的场地平衡（空间拉开）。建议给球员提供机会，让其参与菱形队形中 4 个赛场位置中的每一个。在练习期间，确定这些位置并通常使用名字提及这些位置：前锋、后卫、右边前卫和左边前卫。

　　简单介绍这些位置的作用。前锋在其他球队带球时位于中场附近（提供长度支持），并在自己的球员带球时靠近自己的球门。边前卫球员逐渐向场地中间靠近，并在进行防守时留在其对手的球门一侧，但在进攻的时候要向外侧边线移动（提供宽度支持）。后卫在防守时位于自己球门的附近（提供深度支持），并在进攻时向前移动（提供接应），但一定要记得保持好队形。

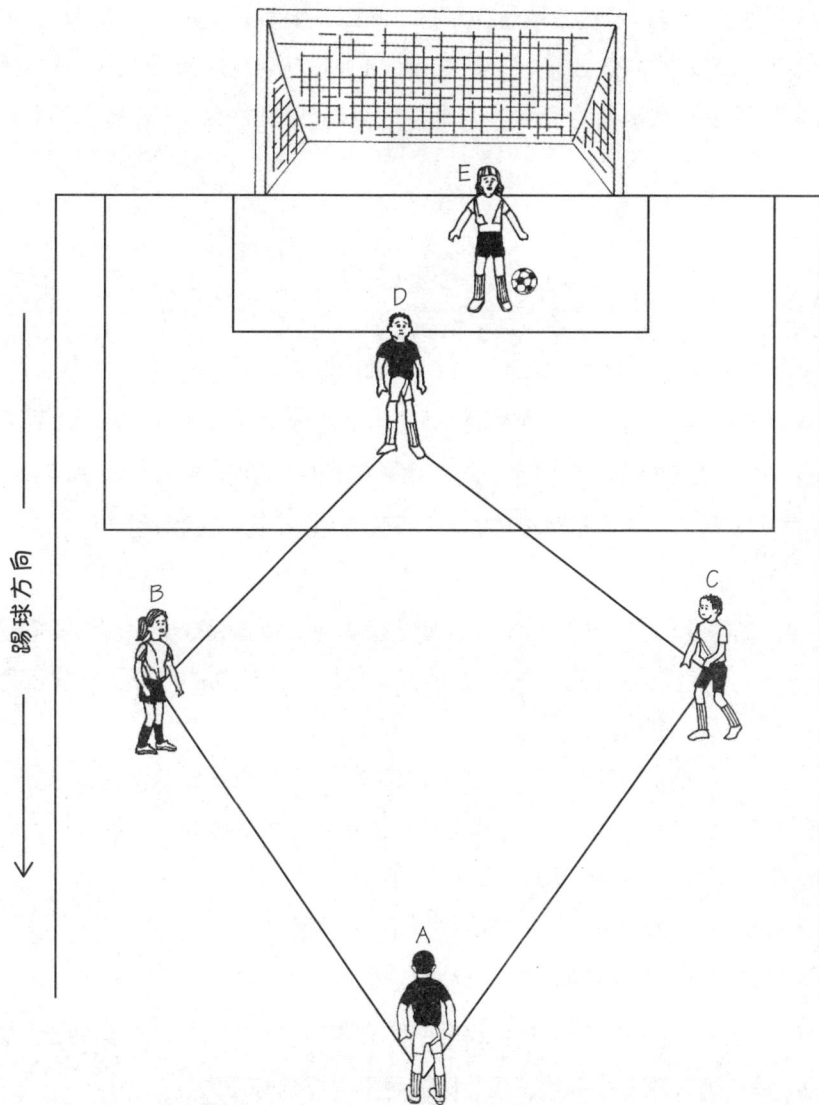

图 6.1 单个菱形队形（5 名球员的团队模式）

踢球方向

需要提醒球员，防守并不仅仅是守门员和后防球员的责任，如果每 1 名球员都在进攻时向前推进（聚集在球的周围），那么防守就会缺乏深度。由于训练时需要球员分开（例如，"两边不讨好"训练），所以指导球员时方式要简单明了，而且时常提及这些位置的名称（前锋、边前卫、后卫）应该减少这个年龄段非常普遍的群集效应。一定要有耐心，球员需要一定的时间才能完全理解并利用接应和平衡的概念，但是，这些概念是发展到下一水平的重要组成部分。

8v8

8v8 比赛适用于 9 到 10 岁的球员。进行这项比赛时，赛场大约为 70 码长、40 码宽。球门应约为 1.8 米高、3.7 米宽。每个球队都有 7 名场上球员和 1 名守门员。由于标准规则适用于这一水平的训练，所以要在开球、掷界外球、球门球、角球、任意球和罚球点球期间解释每名球员扮演的角色。

在上一训练水平的基础上再增加 3 名球员可以挑战球员的能力，因为球员只有很少的时间和空间进行技术执行和战略决策。将 3 名球员添加到基本的菱形队形中，1 名作为前锋、1 名作为后卫，另外 1 名作为中场球员，现在就出现了两个菱形（参见图 6.2）。

这一水平的球员应了解基本的技能和方法，以及空间和动作的概念。比赛是一种更加结构化的活动，而且还可以期待更多出色的成果。解释并讨论新的概念，例如不同球员所扮演的角色。

- 第一进攻者——带球的球员，其角色是突破防守。
- 第二进攻者——距离带球球员最近的队友，为带球球员提供接应。
- 第三进攻者——提供机会来吸引防守球员后方空间的所有其他球员。
- 第一防守球员——给正在控球的对手施加防守压力的球员。
- 第二防守球员——防守第二进攻者的球员，还负责为第一防守球员提供协防掩护。
- 中场球员——为从防守到进攻的过渡提供连接的球员，还可提供深度支持来缓解前锋的压力。

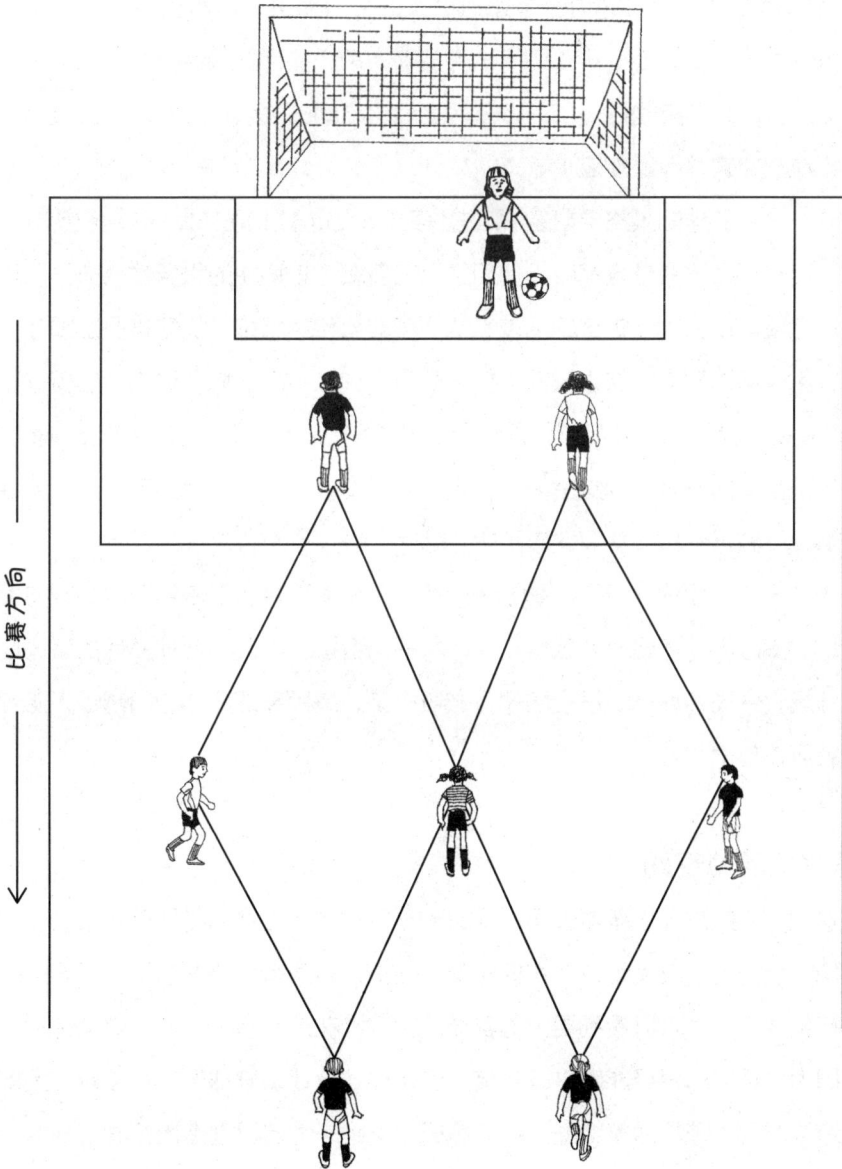

图 6.2　双菱形队形（8 名球员球队模式）

- 守门员——防守各种横向球的球员，并且可在过渡期间帮助缓解防守球员的压力。

讨论 8v8 中守门员的角色是如何扩大的，因为该守门员已经不仅限于在安全区域中活动（与 5v5 中不同）。其他有待解决的话题包括两名前锋之间的关系（配合比赛和空间拉开），以及两名后卫之间的关系（空间拉开和接应，以防止对方突破并提供接应）。

这一水平的球队策略更复杂。引进更多复杂的进攻和防守策略并设置比赛。此外，还需要强调在进攻策略中使用赛场宽度和对角移动的重要性。充分利用赛场的宽度可以扩大要防守的区域，从而创造出传球路线。防守球员必须在扩大防守和压缩防守之间做出选择，扩大防守允许在安全区域里边制造出传球路线，压缩防守允许向安全区域外面传球。对角移动（不仅仅是向前和向后运动）可为球员创造出更好的视觉空间，相当于赛场变大了，这样球员就可以从多种可能情况中做出选择，从而突破防守。

为这一年龄段的球员引入防守团队策略。策略选择包括使用哪种防守方案（区域、人盯人，还是一个区域和人盯人的组合），以及如何在赛场的不同区域（前场、中场和后场）进行防守。一般来说，球距离球队的球门越近，防守团队就应该越紧密。

创造性地使用空间

这一水平的球员已基本上可以探讨无球时对创造性移动的使用，其中包括对角跑、横向跑、交叉跑位、切换和交叉掩护。对角跑可使球员利用更好的视觉来接到球（因为可以看到更大的赛场范围）。在这一水平上使用对角跑很有效，因为球员此时已经能够进行长传。这类移动会让防守球员很难注意，因此可以造成混乱。球员通常会通过纵向跑或对角跑来为自己创造出空间，通过横向跑来为队友创造空间。

你应该使用每个练习期的训练来重点强调创造性地使用空间。这些训练应包括两人组合以及涉及不止两人的比赛。

两人组合可以说非常简单，例如 1 名球员从一个方向带球且 1 名队友来自相反的方向，后者接过球，然后继续带球（交叉掩护）。两人组合的另一个例子就是切换。图 6.3 展示了一个简单的切换，可以用作最后的训练。球员 A 在角旗附近接到球，可以将球横向传给球员 B，此时球员 B 正跑向球门准备射门。还有使用两名以上球员的移动组合。图 6.4 展示球员 B 将球传给球员 A，然后球员 C 向前跑并从球员 B 的外边跑过后接住球员 A 的传球。这是一种三人组合，使用的是交叉跑位。图 6.5 展示了一个四人组合。球员 C 接到球后，将球横向传给球员 D，球员 D 沿对角方向跑向球门。

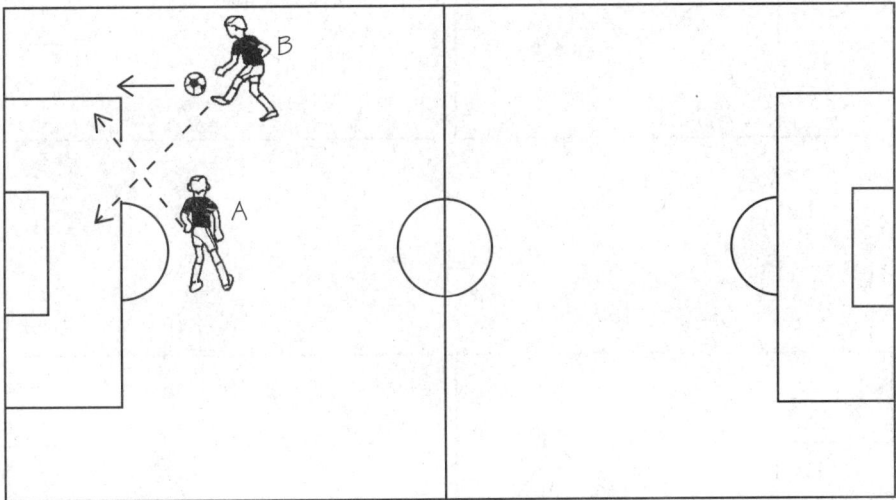

图 6.3　简单切换

设置比赛

设置比赛有助于优化比赛的结构，而且也应该在这一阶段引入。比赛时设计这些，要力求简单化。复杂的移动模式只会使这一阶段的球员感到灰心。评估球员的能力并设计球员可以进行的比赛。许多比赛情况都要求设置比赛，包括发球、角球、球门球、直接任意球、间接任意球、罚球点球和掷界外球。

图 6.4 三人组合

图 6.5 四人组合

11 对 11

球员到了 11 岁的时候，就应该能够在标准的足球场上比赛了，大约是 100 码长、60 码宽。球门应该是标准大小的，约 2.4 米高、约 7.3 米宽。国际足联竞赛规则适用于这一阶段的球员。

应该继续检查并改进早期阶段所教授的技能和概念。这一阶段介绍的新技能和概念包括更多高级的个人技能、角色的改变，增加 3 名球员（前锋、中场和后卫）以形成第三个菱形时的关系，守门员的扩展角色，在设置比赛时使用更多的球员，以及各种比赛阵型。

个人技能

在这一阶段强调的是长传、头球以及带球等个人技能。现在，球员的身高和力量已允许他们进行长传，这在以前是不可能的。这一能力为进攻增加了大量的多样性。要一直鼓励球员尽可能传出距离最长的传球，而不是控球并陷入困境。

球员的长传能力还可以使其快速改变战场，这样就可以挫败防守人员"狡猾"的防守。长传可以使球员从边位位置进行横向传球，因而可以将横向传球发展成更危险的武器。

头球是另一项技能，在这一阶段也应该重点强调。到目前为止，球员应该已经克服了关于头球的大部分恐惧感。球员应该认识到，用头精确顶球的能力可以使自己保持控球并增加得分机会。

个人通过移动来创造空间的全部技能应在这一阶段进行扩展。球员需要继续探讨带球时改变方向和速度的创造性方法，还要发展自己的固定技巧。

接应

青少年球员常常只在自己被指定为进攻球员时才练习进攻技术。在被指定为防守球员时实际情况正好相反。所有球员，尤其是这一阶段的球员都需要知道自己同时肩负着进攻和防守的双重责任。给位置命名（例如，后卫）只是识别球员的场上位置，以进行空间拉开和实现平衡的一种方式。还应该有一种团队精神，那就是每1名球员都是全能的球员，能够在机会出现时进球得分，也能够根据情况构想出重要的防守方法。

有些教练会告诉后卫，永远不要跨过中线，这样会造成防守失位。其他一些教练并不希望自己的进攻球员跑到后场来，因为这样可能会在重新获得球权时影响快攻机会。还有一些教练拒绝给球员提供位置切换的机会，这种移动可让球员创造空间，从而维持控球和得分机会。切换的一个例子是，可能有1名球员从靠近中心的位置沿对角线跑向赛场的一边，与此同时，1名队员交换位置，从赛场的一边转移到靠近中心的位置，如图6.3所示。

在进攻时，如果没有让球员进行某些类型的移动，可能就会减少或消除创造力和移动性。相反，一定要给球员提供机会来实现移动性。这并不是说球员应该以"什么都行"的状态不顾一切地参与比赛。让球员变得更具移动性的关键之处是维护赛场的平衡。例如，如果1名后卫通过交叉跑位跑向前锋位置，以营造出人数优势，那么其队友就必须相应地切换到其位置来提供防守深度。你需要告诉球员的是：要作为一个整体进行比赛。

保持球权是任何球队获得成功的关键所在。一个团队带球的时间越长，其他球队得分的机会就越小。控球会受到球员在赛场上的位置以及与该位置相关风险因素的影响。进行过大量切换跑动的球员应该认识到赛场上每个区域的风险因素。告诉球员，在赛场的后场控球时要快速出球，将球移出该区域。在后场丢球是一种非常危险的情况。警告球员不要过度带球或者危险传球，尤其是在赛场的后场中间位置。通常更易于接受的就是在这个区域向前发出长传球，即使球没有那么精确，但也胜过冒着丢球的风险并给对手提供得分机会。

然而，要鼓励赛场上的中场球员冒着丢球的风险进行渗透或传球。在这一区域中偶尔丢球并不危险，因为有大量的空间可供球员夺回球权。

在赛场的前场，让球员知道控球的机会越多，得分就会越多。不要让球员对射门有心理障碍。鼓励球员通过个人移动来迷惑防守球员并且要积极射门。在赛场的这一区域丢球并不重要，因为球员有足够的时间夺回球权。

在这一阶段中，增加 3 名球员会在球员移动中给球队带来更高的灵活性。这 3 名球员（一名前锋、一名中场球员和一名后卫）为队形又增加了一个菱形（参见图 6.6）。

再增加 1 名前锋球员就会有更多的机会。还可以提高球队的移动性，因为可以在赛场的前场进行更多的创造性移动。额外的中场球员为赛场上的后场队友提供了另一个传球目标，从而缓解了防守向进攻转换时的压力。额外的中场球员还可以为进攻球员提供接应，通过与前锋配合来营造得分机会，并在其他中场球员向前跑时提供防守平衡。增加第 3 名防守球员可为守门员和其他后卫提供接应，并且能帮助中场球员缓解压力。

守门员在这一阶段必须提高其个人的比赛水平。给守门员留出更多的时间来进行强调速度和反应时间的训练。更具体地说，这些训练应包含收球、托球、击球、扑球和解围技能方面的变化。守门员还应该在练习期间参加大量的小场比赛，在这些小场比赛中，球员使用交流、动作、收球和分球技能来缓解防守球员带来的压力。

比赛系统

为了给 11v11 比赛增加更多的结构，教练会实行一些比赛系统，或者叫阵形。一个球队所使用的阵形反映了该球队辅导球员的一种理念。3-4-3 就是球员在早期发展过程中使用的一种阵形，并且学起来也比较容易。这种比赛阵形会导致激烈的中场争抢和进攻。但是，你需要选择一种非常灵活的且足以适合自己所有球员力量的阵形。不要错误地使用不适合自己球员的阵形。

例如，如果自己的球队有两个能力非常强的前锋球员，但是在防守方面能

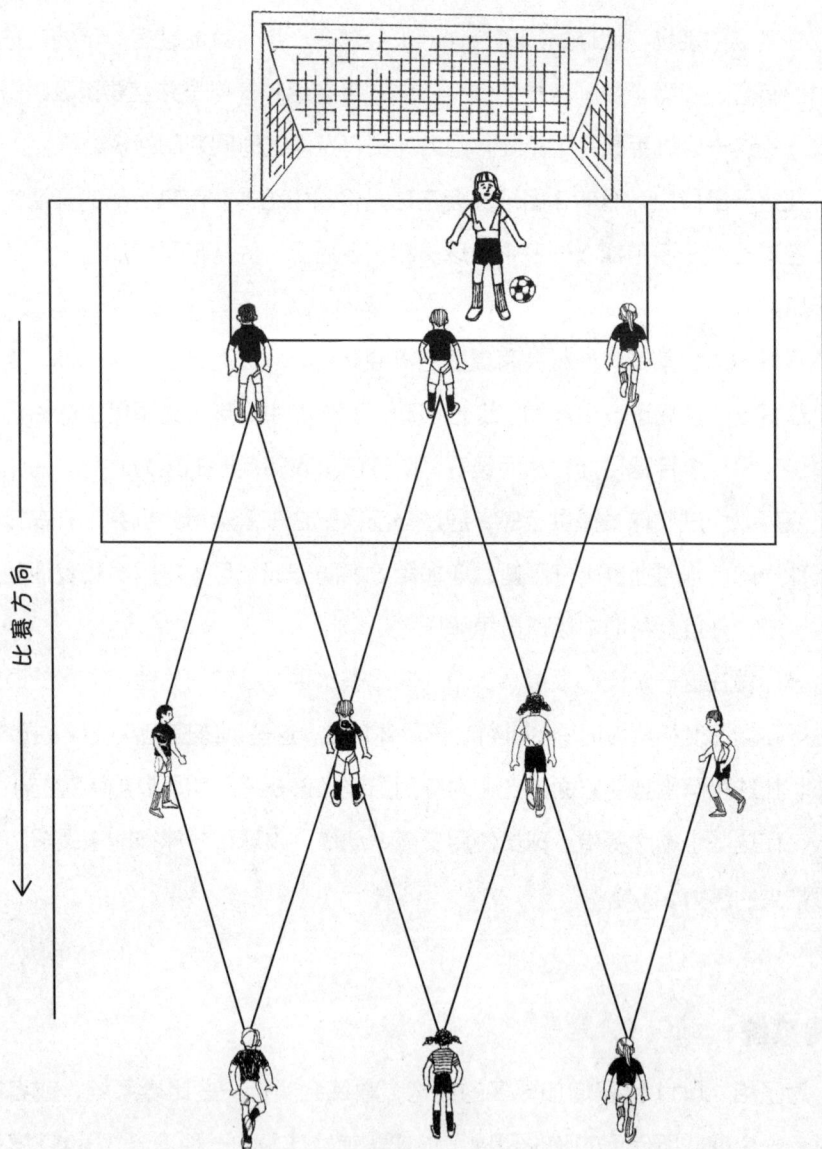

图 6.6　三菱形队形（11 名球员的球队模式）

力又不够，那么你可能会决定使用 4-4-2 队形。这种队形可增加 1 名后卫、拥有强有力的中场球员以及 2 名进攻者。4-4-2 稍微有点偏向于防守。如果使用了这种阵形，就要鼓励球员互换位置并进行接应跑动，从而创造更多的进攻机会。

如果球队有多名强有力的中场球员，那么 4-3-3 队形可能最适合。这种队形有 4 名后卫、3 名中场和 3 名前锋，这就使得球队在防守和进攻方面非常强大，但在中场区域就比较弱。强大的中场球员可以弥补这一弱势。

设置比赛

11v11 比赛的一种状况是，场上共有 20 名球员（不包括守门员）。因此，在设计比赛以创造得分机会时，应主要关注空间拉开。所有球员都应知道自己在每次比赛中的责任，从而帮助球队维持适当的空间拉开，并且不会造成混乱。这一阶段的球员更强大、技术更熟练。球从一个罚球区向另一个罚球区快速切换也成为可能。在任意球期间，不要错误地将过多的球员向前移动到进攻位置。这种策略会使球队在防守方面更易受到攻击，尤其是在比赛早期发生时更是如此。

切记，对于 5 到 6 岁的初学球员，以及 11 到 12 岁的球员来说，这种进展是一个很长的过程。一定要始终公平对待每 1 名球员，给他们提供适合自身当前能力水平的信息。总而言之，在整个学习过程中一定要有耐心。

第 7 章

在实践中运用训练内容

在实践中应包含各种训练内容、活动、小场比赛以及全场比赛。所有这些都将推动个人及团体能力的不断发展并有助于理解相关的概念，而这些发展反过来又会改进战略和比赛。将训练内容作为实践的一个重要组成部分。训练内容可使球员关注比赛的某一方面，且不会干扰其他方面。

经过精心的规划，就可以使用适合自己球员的训练内容，并带来许多移动和触球机会。进行规划时，要选择训练内容来解决特定的球员发展问题。例如，如果球队在将球转移到赛场的前场后很难得分，那么实践中就应包括那些强调射门技能的训练内容。

让实践训练获得成功

多个关键因素会影响训练内容在实践中的运用。计划好将团队分成多个较小的部分，频繁改变实践训练内容，准备足够的器材，变换阵形，转换活动的顺序，并使训练内容带有比赛性质。

在训练期间，尽可能将球员分成较小的小组。通过使用网格，就可以确定每个小组的综合空间界限。分隔网格时，要考虑安全性和球员充分观察的能力。这些网格中的小组球员在每次实践期间都有机会进行数百次触球。频繁改变球员的组合也是个不错的办法，这样每名球员就有机会与其他球员进行比赛。小组中的球员在较短的时间内完成的任务更多，因为没有时间可供他们消磨。在每次实践期间，你还有机会展示更多的活动。

一般来说，每次实践期间在特定训练内容上花费的时间不要超过 15 分钟。频繁改变训练内容会激发球员的积极性，从而提高其效率。你必须有足够的器材来对较小的团体进行大量的训练。每个球队的器材库都应包含几打各种颜色的小号锥桶、训练背心以及每名球员一个足球。小型便携式球门对训练也有帮助（普通球门除外）。

偶尔转换一下实践训练内容的顺序也有助于训练的顺利进行。例如，在前 3 次实践的第 1 部分期间，球员可以进行包含个人移动在内的训练内容。在第

4 次实践期间，可以进行小场的 4v4 比赛，然后再进行可培养个人动作的训练。打破实践的惯例可以激发球员的积极性。

经常改变阵形也可以呈现不一样的训练效果。在训练中交替使用三角形、方形和圆形可以增加阵形多样性。训练中变换球员的数量、球的数量和空间的数量也有助于提高效率。

在实践中融入训练内容时，所有这些策略都有助于集中孩子们的注意力。其他集中注意力的策略包括准备好进行实践、限制对话，以及在辅导期间提供视觉示范。在讲授时让球员聚拢，或者在与球员说话时让其远离干扰，这些小事情也有助于提高球员的注意力。

一项训练能否取得成功，最重要的因素可能是球员是否感兴趣。如果以比赛的方式向球员展示训练内容，那么他们就会觉得有意思。本书中的许多训练都带有比赛性质。在适当的发展阶段使用这些训练内容，不仅有助于球员培养技能和理解概念，还可以使球员享受到足球带来的快乐。

本章后面介绍的实践分为各个年龄段。为每个年龄段所选的训练内容都反映了该年龄段虚拟的"普通"球员的能力。例如，你可能会觉得，为 7 到 8 岁球员设计的训练并不适合 8 岁球员的特定球队，因为训练太难或不能真正施展球员的能力。根据需要对训练内容进行修改。还要记住的是，所介绍的这些实践并不包括暂停和热身时间。将这些事情列入适当的实践计划中。

适合 5 到 6 岁球员的实践

适合 5 到 6 岁球员的实践应持续约 60 分钟的时间。每项实践都应包括各种训练内容、活动和小场比赛，从而促进个人技能和概念、团体技能和概念、策略以及比赛感觉的形成。在这一阶段，进攻技能和概念形成比防守技能更有难度。因此，规划实践计划时，要设计没有防守压力或没有被动防守压力的训练内容。如果存在人数方面的差异，则始终要让进攻人员占据优势，例如，3v1。

为球员开发一种热身计划，然后在球员开始实践时遵循这一计划。在热身活动中纳入各种技能，包括颠球、传球、带球、头球和射门。球员无须多少指导就可以完成这些活动。球员常常会移动到射门位置，所以要强调他在所有位置都花费同样多的时间。

在这个阶段，我建议使用 4v4 的形式进行混合比赛。将球门画成不同的颜色会有所帮助，例如，画成红色和绿色。比赛期间，让一个球队穿绿色的球衣，另一个球队穿红色的球衣。涂上颜色的球门会为球员提供明确的方向视觉提示。如果其他小组也使用球门且不允许涂色，那么只需在一个球门系上绿色球衣，在另一个球门系上红色球衣。如果球队在规定的时间内交换场地，就可解开球衣并放在对面的球门上。如果球队中的某名球员是色盲，那么就使用带符号的球衣。

不应该将这个年龄段的球员安排在普通球队中。普通球队提倡竞争，但是过早地强调竞争会降低技能和概念的发展。5 到 6 岁球员的竞争就像感冒药一样。如果剂量适中，则会有所帮助。如果剂量过大，就可能造成伤害。

每周都以不同的方式划分球员，这样他们就可以体验与所有其他球员进行比赛。表 7.1 至 7.3 显示了适合 5 到 6 岁球员典型实践的 3 个例子。

表 7.1

适合 5 到 6 岁球员的实践

活动类型	内容	时间
大组技能训练	个人空间训练（3）	10 分钟
大组技能训练	花式足球训练（15）	15 分钟
小组技能训练	大家都到位了吗？开始比赛（19）	10 分钟
小组技能训练	穿针引线式训练（37）	5 分钟
大组比赛	4v4 混战	25 分钟
大组教学	结束	5 分钟

表 7.2

适合 5 到 6 岁球员的实践

活动类型	内容	时间
大组技能训练	综合空间训练（4）	10 分钟
大组技能训练	花式足球训练（15）	15 分钟
小组技能训练	模仿训练（16）	5 分钟
小组技能训练	"再见"训练（39）	5 分钟
大组比赛	4v4 混战	25 分钟
大组教学	结束	5 分钟

表 7.3

适合 5 到 6 岁球员的实践

活动类型	内容	时间
大组技能训练	火山训练（6）	5 分钟
大组技能训练	花式足球训练（15）	15 分钟
大组技能训练	干扰者比赛（23）	10 分钟
小组技能训练	"你好"训练（42）	5 分钟
大组比赛	4v4 混战	25 分钟
大组教学	结束	5 分钟

适合 7 到 8 岁球员的实践

　　适合 7 到 8 岁球员的实践应持续 60 到 75 分钟。继续向这一年龄段的球员介绍技能方法。纳入可开发技能的训练时不考虑防守压力。这些球员的身体和心灵都会逐渐长大，所以可增加难度，在比赛中纳入更多个性化的球队策略。增加守门员肯定会改变实践和比赛的结构。

　　这一阶段的混战应使用 5v5 形式——菱形中有 4 名球员，再加上 1 名守门员。这一阶段的球员应安排在普通球队中。鼓励球员在比赛期间保持好阵形。实践和比赛期间需要强调的是长期的球员发展，而不是短期的进球获胜。表 7.4 至 7.6 显示了适合 7 到 8 岁球员实践的 3 个例子。

表 7.4

适合 7 到 8 岁球员的实践

活动类型	内容	时间
大组技能训练	冻结训练（18）	10 分钟
小组技能训练	"两边不讨好"训练（58）	10 分钟
小组技能训练	跑步射门训练，第一级（80）	10 分钟
大组教学	解释守门员在 5v5 比赛中的角色	10 分钟
大组比赛	5v5 混战	20 分钟
大组教学	结束	5 分钟

表 7.5

适合 7 到 8 岁球员的实践

活动类型	内容	时间
大组技能训练	自由度训练（17）	10 分钟
大组技能训练	摇摆训练（44）	10 分钟
小组技能训练	跑步射门训练，第一级（80）	10 分钟
大组教学	解释侧翼球员的角色	10 分钟
大组比赛	5v5 混战	20 分钟
大组教学	结束	5 分钟

表 7.6

适合 7 到 8 岁球员的实践

活动类型	内容	时间
大组技能训练	绕圈收集训练（41）	10 分钟
小组活动	绕圈带球标签比赛，第一级（24）	10 分钟
小组活动	传球射门训练（82）	15 分钟
大组教学	解释菱形队形中前锋的角色	10 分钟
大组比赛	5v5 混战	20 分钟
大组教学	结束	5 分钟

适合 9 到 10 岁球员的实践

适合 9 到 10 岁球员的实践应持续 75 到 90 分钟时间。这些球员应已经体验过 4v4 和 5v5 比赛。

在这一阶段应引入双菱形 8v8 队形。比赛应更具结构化，而且踢法也应有计划。实践中要继续强调停球、观察和做出决定这个过程。引入并强化掩护和紧凑性的防守概念，因为这两个概念既适合个人也适合球队。此外，还要强调接应队友和利用场地宽度等进攻比赛原则，这对于在此阶段中实现更具创造性的比赛至关重要。

指导这一年龄段的球员时，其中一个最难的概念就是如何有效地封闭空间。这一阶段的球员常常会认为自己有责任防守整个赛场。因此球到哪里，他们常常就会追到哪里。如果整个球队中包括这类球员，那么在比赛中很可能就会产生群集效应。为了缓解这一状况，可告知球员自己的特定场地位置，以及如何与其他位置关联起来。同时，还要强调保持双菱形阵形的重要性。

继续训练球员在早期阶段应该已经学过的技能和概念。有些球员掌握这些技能的速度会比其他球员快，而且已经准备好接受新的技能和概念。对于没有准备好的球员，提供一些额外训练的备选方案可能会有所帮助，例如家中训练计划或额外训练期的阵形等。表 7.7 至 7.9 显示了 9 到 10 岁球员的训练计划。

表 7.7

适合 9 到 10 岁球员的实践

活动类型	内容	时间
大组技能训练	花式足球训练（15）	15 分钟
小组技能训练	2v2 防范训练（65）	10 分钟
小组技能训练	撞墙式传球射门训练（93）	10 分钟
大组技能训练	解释双菱形队形	20 分钟
大组比赛	8v8 混战	25 分钟
大组教学	结束	5 分钟

表 7.8

适合 9 到 10 岁球员的实践

活动类型	内容	时间
大组技能训练	四网格争夺赛（33）	10 分钟
小组技能训练	搭档带球训练（28）	10 分钟
大组技能训练	全部循环的 1v1 训练（94）	10 分钟
大组技能训练	解释 2 名前锋球员在双菱形队形中的角色	20 分钟
大组比赛	8v8 混战	25 分钟
大组教学	结束	5 分钟

表 7.9

适合 9 到 10 岁球员的实践

活动类型	内容	时间
小组技能训练	双锥训练（46）	10 分钟
小组技能训练	远离 – 靠近训练（63）	10 分钟
小组技能训练	3v1 射门训练（86）	10 分钟
大组技能训练	解释中场球员在双菱形队形中的角色	20 分钟
大组比赛	8v8 混战	25 分钟
大组教学	结束	5 分钟

适合 11 到 12 岁球员的实践

　　适合 11 到 12 岁球员的实践应持续约 90 分钟的时间。在这一阶段中，继续训练并提高球员的个人技能和概念。球员的身体改变（身高、速度和力量）都展示出了新的战略机会。实践应包括探索创造性的解决方法，采用更加机动的方法来进攻对手的球门。这种机动方法需要在确定球员位置时具有灵活性、更复杂的宽度和接应概念，以及引入新的动作概念。

　　展示这些新的机会之前，一定要确保球员已经在 5 到 6 岁、7 到 8 岁和 9 到 10 岁的发展阶段中学习了相关的技能和概念。如果前面的这些系统训练没有到位，则要根据需要重温以前的技能和概念，确保球员在学习过程中有良好的体验。表 7.10 至 7.12 显示了适合 11 到 12 岁球员的实践计划。切记，这些实践计划只是适合这一阶段球员各种体验的一个样本。

　　表 7.10 至 7.12 中的计划包括适合 11v11 混战的时间。如果没有足够的球员进行 11v11 比赛，可采用 8v8 的形式。这一问题的另一个可行的解决方法是与其他球队共同实践。你甚至可能希望改变自己的计划，这样就有机会与大量其他球队共同实践。

　　无论与哪个年龄段的球员合作时都要记住，球员在实践中所花的时间远远大于在比赛中所花的时间。提升实践的价值，增加学习体验的乐趣，这都会吸引孩子们重新享受与朋友们踢球的那些日子。

表 7.10

适合 11 到 12 岁球员的实践

活动类型	内容	时间
大组技能训练	三队传球训练（55）	10 分钟
小组技能训练	3v2 直线比赛（67）	10 分钟
大组技能训练	无限循环的 3v2 训练（95）	10 分钟
大组技能训练	解释 3 名前锋球员在三菱形队形中的角色	20 分钟
大组比赛	11v11 混战	25 分钟
大组教学	结束	5 分钟

表 7.11

适合 11 到 12 岁球员的实践

活动类型	内容	时间
大组技能训练	三队防守赛（61）	10 分钟
小组技能训练	两队友传球比赛（66）	20 分钟
大组技能训练	射门联合训练（96）	20 分钟
大组技能训练	解释 3 名后卫球员在三菱形队形中的角色	10 分钟
大组比赛	11v11 混战	25 分钟
大组教学	结束	5 分钟

表 7.12

适合 11 到 12 岁球员的实践

活动类型	内容	时间
大组技能训练	冲刺挑战训练（26）	10 分钟
大组技能训练	六球门比赛（34）	10 分钟
小组技能训练	摇取训练（25）	10 分钟
大组技能训练	解释 4 名中场球员在三菱形队形中的角色	20 分钟
大组比赛	11v11 混战	25 分钟
大组教学	结束	5 分钟

作者简介

吉姆·加兰（Jim Garland）

吉姆·加兰拥有 37 年执教小学 5 到 11 岁孩子们体育课程的经验。他通过 20 余年的努力，将足球夏令营与各种培训整合成了运动概念夏令营，其中所教的球队已从初级水平上升到高中水平。

作为美国马里兰州陶森大学的一名大学生，加兰连续两年获得了"最有价值球员奖"和"所有会议奖"。1970 年，加兰被选为"年度高级运动员"。1985 年，加兰受邀加入"陶森大学体育名人堂"。

1978 年，加兰从位于巴尔的摩市的摩根州立大学获得了硕士学位。1998 年，加兰从美国国家足球教练协会（NSCAA）取得了全国足球教练资格证，并于 1999 年从位于美国佛罗里达州劳德代尔堡市的诺瓦东南大学取得了青少年教育方面的博士学位。

加兰是马里兰州奥运足球发展计划的顾问，还是地方、州和国家级水平的一名特色临床医生，也是美国国家足球教练协会、马里兰卫生联盟、体育与娱乐教育协会、美国体育协会和美国监管与课程发展协会的成员。

译者简介

邹巍

博士，西南大学副教授，硕士研究生导师，主要研究领域：教育经济学、体育经济学、体育训练学。曾编著、译著图书 10 余部；发表学术论文 20 余篇；主持主研省部级以上课题 10 余项。重庆市骞越体育俱乐部创始人，带领团队在三年内获得重庆市校园足球总决赛冠军 2 次，全国校园足球总决赛亚军，校园足球协会杯第五名和第六名。